Über dieses Buch   Das ›Bruchstück einer Hysterie-Analyse‹ – der 1901 verfaßte Bericht über die Behandlung des achtzehnjährigen Mädchens mit dem Pseudonym »Dora« – wurde 1905 veröffentlicht. Es handelt sich um die erste der sechs großen Krankengeschichten Freuds. »Bruchstück« – weil die Patientin die Analyse vorzeitig abbrach. So gesehen, ist es die Geschichte eines Scheiterns.

In theoretischer Hinsicht bildet das Werk eine Brücke zwischen Freuds beiden revolutionärsten Büchern, der *Traumdeutung* und den *Drei Abhandlungen zur Sexualtheorie*. Im Mittelpunkt der Analyse stehen zwei Träume, auf die Freud seine neu erworbene Deutungskunst virtuos anwendet; andererseits entwickelt er Hypothesen über das sexuell-organische Fundament der Erkrankung, über erogene Körperzonen und das Phänomen der Bisexualität. Die selbstkritische Untersuchung der Gründe für den Behandlungsabbruch führte Freud zu der Einsicht, er habe die *Übertragung* nicht hinreichend beachtet; so gelingt ihm als zusätzlicher theoretischer Gewinn die weitere Präzisierung dieses Kernbegriffs, der noch heute im Zentrum jeder psychoanalytischen Psychotherapie steht.

Das eigentlich Zeitlose an dieser Krankengeschichte ist aber, wie Stavros Mentzos in seinem gedankenreichen Nachwort zeigt, des Schriftstellers Freud meisterliche Schilderung jenes spezifisch »Hysterischen« an seiner Patientin – ihrer sprechenden Symptome, ihrer theatralischen unbewußten Inszenierungen, des flirrend Scheinhaften ihrer Gefühle. Der Leser wird gleichsam zum Zuschauer eines dramatischen erotisierten Bühnenspiels mit rasch wechselnden Zwei- und Drei-Personen-Konstellationen.

Der Autor   Sigmund Freud, geboren 1856 in Freiberg (Mähren); Studium an der Wiener medizinischen Fakultät; 1885/86 Studienaufenthalt in Paris, unter dem Einfluß von J.-M. Charcot Hinwendung zur Psychopathologie; danach in der Privatpraxis Beschäftigung mit Hysterie und anderen Neurosenformen; Begründung und Fortentwicklung der Psychoanalyse als eigener Behandlungs- und Forschungsmethode sowie als allgemeiner Psychologie; 1938 Emigration nach London; 1939 Tod.

Der Verfasser des Nachworts   Prof. Dr. med. Stavros Mentzos, Leiter der Abteilung Psychotherapie und Psychosomatik am Zentrum der Psychiatrie, Universität Frankfurt am Main. Zahlreiche Veröffentlichungen, darunter *Hysterie; Zur Psychodynamik unbewußter Inszenierungen* (1980/1991).

SIGMUND FREUD

Bruchstück einer Hysterie-Analyse

Nachwort
von Stavros Mentzos

FISCHER TASCHENBUCH VERLAG

Der auf der Umschlagrückseite abgedruckte Ausspruch Freuds
steht in einem Brief an Wilhelm Fließ vom 25. Januar 1901.

Veröffentlicht im Fischer Taschenbuch Verlag GmbH,
Frankfurt am Main, September 1993

Für diese Ausgabe:
© Fischer Taschenbuch Verlag GmbH, Frankfurt am Main, 1993
Für den Text Sigmund Freuds:
Lizenzausgabe der S. Fischer Verlag GmbH, Frankfurt am Main,
mit Genehmigung von Sigmund Freud Copyrights, Colchester,
Copyright under the Berne Convention, 1942
Imago Publishing Co., Ltd., London
All rights reserved
Umschlagentwurf: Buchholz / Hinsch / Hensinger
(unter Verwendung einer Aufnahme Freuds, die
1904 für die Hygienische Ausstellung angefertigt wurde,
© Bildarchiv der Österreichischen Nationalbibliothek, Wien)
Gesamtherstellung: Clausen & Bosse, Leck
Printed in Germany
ISBN 3-596-10447-5

INHALT

BRUCHSTÜCK EINER
HYSTERIE-ANALYSE

(1905)

VORWORT

Wenn ich nach längerer Pause daran gehe, meine in den Jahren 1895 und 1896 aufgestellten Behauptungen über die Pathogenese hysterischer Symptome und die psychischen Vorgänge bei der Hysterie durch ausführliche Mitteilung einer Kranken- und Behandlungsgeschichte zu erhärten, so kann ich mir dieses Vorwort nicht ersparen, welches mein Tun einerseits nach verschiedenen Richtungen rechtfertigen, anderseits die Erwartungen, die es empfangen werden, auf ein billiges Maß zurückführen soll.

Es war sicherlich mißlich, daß ich Forschungsergebnisse, und zwar solche von überraschender und wenig einschmeichelnder Art, veröffentlichen mußte, denen die Nachprüfung von seiten der Fachgenossen notwendigerweise versagt blieb. Es ist aber kaum weniger mißlich, wenn ich jetzt beginne, etwas von dem Material dem allgemeinen Urteil zugänglich zu machen, aus dem ich jene Ergebnisse gewonnen hatte. Ich werde dem Vorwurfe nicht entgehen. Hatte er damals gelautet, daß ich nichts von meinen Kranken mitgeteilt, so wird er nun lauten, daß ich von meinen Kranken mitgeteilt, was man nicht mitteilen soll. Ich hoffe, es werden die nämlichen Personen sein, welche in solcher Art den Vorwand für ihren Vorwurf wechseln werden, und gebe es von vornherein auf, diesen Kritikern jemals ihren Vorwurf zu entreißen.

Die Veröffentlichung meiner Krankengeschichten bleibt für mich eine schwer zu lösende Aufgabe, auch wenn ich mich um jene einsichtslosen Übelwollenden weiter nicht bekümmere. Die Schwierigkeiten sind zum Teil technischer Natur, zum andern Teil gehen sie aus dem Wesen der Verhältnisse selbst hervor. Wenn es richtig ist, daß die Verursachung der hysterischen Erkrankungen in den Intimitäten des psycho-sexuellen Lebens der Kranken gefunden wird und daß die hysterischen Symptome der Ausdruck ihrer geheimsten verdrängten Wünsche sind, so kann die Klarlegung eines Falles von Hysterie nicht anders als diese Intimitäten aufdecken und diese Geheimnisse verraten. Es ist gewiß, daß die Kranken nie gesprochen hätten, wenn ihnen die Möglichkeit einer wissenschaftlichen Verwertung ihrer Geständnisse in den Sinn gekommen wäre, und ebenso gewiß, daß es ganz vergeblich bliebe, wollte man die Erlaubnis zur Veröffentlichung von ihnen selbst erbitten. Zartfühlende, wohl auch zaghafte Personen würden unter diesen Umständen die Pflicht der ärztlichen Diskretion in den Vordergrund stellen und bedauern, der Wissenschaft hierin keine Aufklärungsdienste leisten zu können. Allein ich meine, der Arzt hat nicht nur Pflichten gegen den einzelnen Kranken, sondern auch gegen die Wissenschaft auf sich genommen. Gegen die Wissenschaft, das heißt im Grunde nichts anderes als gegen die vielen anderen Kranken, die an dem gleichen leiden oder noch leiden werden. Die öffentliche Mitteilung dessen, was man über die Verursachung und das Gefüge der Hysterie zu wissen glaubt, wird zur Pflicht, die Unterlassung zur schimpflichen Feigheit, wenn man nur die direkte persönliche Schädigung des einen Kranken vermeiden kann. Ich glaube, ich habe alles getan, um eine solche Schädigung für meine Patientin auszuschließen. Ich habe eine Person ausgesucht, deren Schicksale nicht in Wien, sondern in einer fernab gelegenen Kleinstadt spielten, deren persönliche Verhältnisse in Wien also so gut wie unbekannt sein müssen; ich habe das Geheimnis der Behandlung so sorgfältig von Anfang an gehütet, daß nur ein einziger vollkommen vertrauenswürdiger Kollege darum wissen kann, das Mädchen sei meine Patientin gewesen; ich habe nach Abschluß der Behandlung noch vier Jahre lang mit der Publikation gewartet, bis ich von einer Änderung in dem Leben der Patientin hörte, die mich annehmen ließ, ihr eigenes Interesse an den hier erzählten Begebenheiten und seelischen Vorgängen könnte nun verblaßt sein. Es ist selbstverständlich, daß kein Name stehengeblieben ist, der einen Leser aus Laienkreisen auf die Spur führen könnte; die Publikation in einem streng wissenschaftlichen Fachjournal sollte übrigens ein Schutz gegen solche unbefugte Leser sein. Ich kann es natürlich nicht verhindern, daß die Patientin selbst eine peinliche Empfindung verspüre, wenn ihr die eigene Krankengeschichte durch einen Zufall in die Hände gespielt wird. Sie erfährt aber nichts aus ihr, was sie nicht schon weiß, und mag sich die Frage vorlegen, wer anders daraus erfahren kann, daß es sich um ihre Person handelt.

Ich weiß, daß es – in dieser Stadt wenigstens – viele Ärzte gibt, die – ekelhaft genug – eine solche Krankengeschichte nicht als einen Beitrag zur Psychopathologie der Neurose, sondern als einen zu ihrer Belustigung bestimmten Schlüsselroman lesen wollen. Dieser Gattung von Lesern gebe ich die Versicherung, daß alle meine etwa später mitzuteilenden Krankengeschichten durch ähnliche Garantien des Geheimnisses vor ihrem Scharfsinn behütet sein werden, obwohl meine Verfügung über mein Material durch diesen Vorsatz eine ganz außerordentliche Einschränkung erfahren muß.

In dieser einen Krankengeschichte, die ich bisher den Einschränkungen der ärztlichen Diskretion und der Ungunst der Verhältnisse abringen konnte, werden nun sexuelle Beziehungen mit aller Freimütigkeit erörtert, die Organe und Funktionen des Geschlechtslebens bei ihren richtigen Namen genannt, und der keusche Leser kann sich aus meiner Darstellung die Überzeugung holen, daß ich mich nicht gescheut habe, mit einer jugendlichen weiblichen Person über solche Themata in solcher Sprache zu verhandeln. Ich soll mich nun wohl auch gegen diesen Vorwurf verteidigen? Ich nehme einfach die Rechte des Gynäkologen – oder vielmehr sehr viel bescheidenere als diese – für mich in Anspruch und erkläre es als ein Anzeichen einer perversen und fremdartigen Lüsternheit, wenn jemand vermuten sollte, solche Gespräche seien ein gutes Mittel zur Aufreizung oder zur Befriedigung sexueller Gelüste. Im übrigen verspüre ich die Neigung, meinem Urteil hierüber in einigen entlehnten Worten Ausdruck zu geben.

»Es ist jämmerlich, solchen Verwahrungen und Beteuerungen einen Platz in einem wissenschaftlichen Werke einräumen zu müssen, aber man mache mir darob keine Vorwürfe, sondern klage den Zeitgeist an, durch den wir glücklich dahin gekommen sind, daß kein ernstes Buch mehr seines Lebens sicher ist.«[1]

Ich werde nun mitteilen, auf welche Weise ich für diese Krankengeschichte die technischen Schwierigkeiten der Berichterstattung überwunden habe. Diese Schwierigkeiten sind sehr erhebliche für den Arzt, der sechs oder acht solcher psycho-therapeutischer Be-

---

1 Richard Schmidt, Beiträge zur indischen Erotik. [Leipzig] 1902. (Im Vorwort.)

handlungen täglich durchzuführen hat und während der Sitzung mit dem Kranken selbst Notizen nicht machen darf, weil er das Mißtrauen des Kranken erwecken und sich in der Erfassung des aufzunehmenden Materials stören würde. Es ist auch ein für mich noch ungelöstes Problem, wie ich eine Behandlungsgeschichte von langer Dauer für die Mitteilung fixieren könnte. In dem hier vorliegenden Falle kamen mir zwei Umstände zu Hilfe: erstens, daß die Dauer der Behandlung sich nicht über drei Monate erstreckte, zweitens, daß die Aufklärungen sich um zwei – in der Mitte und am Schlusse der Kur erzählte – Träume gruppierten, deren Wortlaut unmittelbar nach der Sitzung festgelegt wurde und die einen sicheren Anhalt für das anschließende Gespinst von Deutungen und Erinnerungen abgeben konnten. Die Krankengeschichte selbst habe ich erst nach Abschluß der Kur aus meinem Gedächtnisse niedergeschrieben, solange meine Erinnerung noch frisch und durch das Interesse an der Publikation gehoben war. Die Niederschrift ist demnach nicht absolut – phonographisch – getreu, aber sie darf auf einen hohen Grad von Verläßlichkeit Anspruch machen. Es ist nichts anderes, was wesentlich wäre, in ihr verändert, als etwa an manchen Stellen die Reihenfolge der Aufklärungen, was ich dem Zusammenhange zuliebe tat.

Ich gehe daran hervorzuheben, was man in diesem Berichte finden und was man in ihm vermissen wird. Die Arbeit führte ursprünglich den Namen »Traum und Hysterie«, weil sie mir ganz besonders geeignet schien zu zeigen, wie sich die Traumdeutung in die Behandlungsgeschichte einflicht und wie mit deren Hilfe die Ausfüllung der Amnesien und die Aufklärung der Symptome gewonnen werden kann. Ich habe nicht ohne gute Gründe im Jahre 1900 eine mühselige und tief eindringende Studie über den Traum meinen beabsichtigten Publikationen zur Psychologie der Neurosen vorausgeschickt[1], allerdings auch aus deren Aufnahme ersehen können, ein wie unzureichendes Verständnis derzeit noch die Fachgenossen solchen Bemühungen entgegenbringen. In diesem Falle war auch der Einwand nicht stichhaltig, daß meine Aufstellungen wegen Zurückhaltung des Materials eine auf Nachprüfung gegründete Überzeu-

---

1 Die Traumdeutung. Wien, 1900. Ges. Werke, Bd. II/III.

gung nicht gewinnen lassen, denn seine eigenen Träume kann jedermann zur analytischen Untersuchung heranziehen, und die Technik der Traumdeutung ist nach den von mir gegebenen Anweisungen und Beispielen leicht zu erlernen. Ich muß heute wie damals behaupten, daß die Vertiefung in die Probleme des Traumes eine unerläßliche Vorbedingung für das Verständnis der psychischen Vorgänge bei der Hysterie und den anderen Psychoneurosen ist und daß niemand Aussicht hat, auf diesem Gebiete auch nur einige Schritte weit vorzudringen, der sich jene vorbereitende Arbeit ersparen will. Da also diese Krankengeschichte die Kenntnis der Traumdeutung voraussetzt, wird ihre Lektüre für jedermann höchst unbefriedigend ausfallen, bei dem solche Voraussetzung nicht zutrifft. Er wird nur Befremden anstatt der gesuchten Aufklärung in ihr finden und gewiß geneigt sein, die Ursache dieses Befremdens auf den für phantastisch erklärten Autor zu projizieren. In Wirklichkeit haftet solches Befremden an den Erscheinungen der Neurose selbst; es wird dort nur durch unsere ärztliche Gewöhnung verdeckt und kommt beim Erklärungsversuch wieder zum Vorschein. Gänzlich zu bannen wäre es ja nur, wenn es gelänge, die Neurose restlos von Momenten, die uns bereits bekannt geworden sind, abzuleiten. Aber alle Wahrscheinlichkeit spricht dafür, daß wir im Gegenteil aus dem Studium der Neurose den Antrieb empfangen werden, sehr vieles Neue anzunehmen, was dann allmählich Gegenstand sicherer Erkenntnis werden kann. Das Neue hat aber immer Befremden und Widerstand erregt.

Irrtümlich wäre es, wenn jemand glauben würde, daß Träume und deren Deutung in allen Psychoanalysen eine so hervorragende Stellung einnehmen wie in diesem Beispiel.

Erscheint die vorliegende Krankengeschichte betreffs der Verwertung der Träume bevorzugt, so ist sie dafür in anderen Punkten armseliger ausgefallen, als ich es gewünscht hätte. Ihre Mängel hängen aber gerade mit jenen Verhältnissen zusammen, denen die Möglichkeit, sie zu publizieren, zu verdanken ist. Ich sagte schon, daß ich das Material einer Behandlungsgeschichte, die sich etwa über ein Jahr erstreckt, nicht zu bewältigen wüßte. Diese bloß dreimonatige Geschichte ließ sich übersehen und erinnern; ihre Ergebnisse sind aber in mehr als einer Hinsicht unvollständig geblieben. Die Behandlung wurde nicht bis zum vorgesetzten Ziele fortgeführt, sondern durch den Willen der Patientin unterbrochen, als ein gewisser Punkt erreicht war. Zu dieser Zeit waren einige Rätsel des Krankheitsfalles noch gar nicht in Angriff genommen, andere erst unvollkommen aufgehellt, während die Fortsetzung der Arbeit gewiß an allen Punkten bis zur letzten möglichen Aufklärung vorgedrungen wäre. Ich kann also hier nur ein Fragment einer Analyse bieten.

Vielleicht wird ein Leser, der mit der in den »Studien über Hysterie« dargelegten Technik der Analyse vertraut ist, sich darüber verwundern, daß sich in drei Monaten nicht die Möglichkeit fand, wenigstens die in Angriff genommenen Symptome zu ihrer letzten Lösung zu bringen. Dies wird aber verständlich, wenn ich mitteile, daß seit den »Studien« die psychoanalytische Technik eine gründliche Umwälzung erfahren hat. Damals ging die Arbeit von den Symptomen aus und setzte sich die Auflösung derselben der Reihe nach zum Ziel. Ich habe diese Technik seither aufgegeben, weil ich sie der feineren Struktur der Neurose völlig unangemessen fand. Ich lasse nun den Kranken selbst das Thema der täglichen Arbeit bestimmen und gehe also von der jeweiligen Oberfläche aus, welche das Unbewußte in ihm seiner Aufmerksamkeit entgegenbringt. Dann erhalte ich aber, was zu einer Symptomlösung zusammengehört, zerstückelt, in verschiedene Zusammenhänge verflochten und auf weit auseinanderliegende Zeiten verteilt. Trotz dieses scheinbaren Nachteils ist die neue Technik der alten weit überlegen, ohne Widerspruch die einzig mögliche.

Angesichts der Unvollständigkeit meiner analytischen Ergebnisse blieb mir nichts übrig, als dem Beispiel jener Forscher zu folgen, welche so glücklich sind, die unschätzbaren wenn auch verstümmelten Reste des Altertums aus langer Begrabenheit an den Tag zu bringen. Ich habe das Unvollständige nach den besten mir von anderen Analysen her bekannten Mustern ergänzt, aber ebensowenig wie ein gewissenhafter Archäologe in jedem Falle anzugeben versäumt, wo meine Konstruktion an das Authentische ansetzt.

Eine andere Art von Unvollständigkeit habe ich selbst mit Absicht herbeigeführt. Ich habe nämlich die Deutungsarbeit, die an den Einfällen und Mitteilungen der Kranken zu vollziehen war, im allgemeinen nicht dargestellt, sondern bloß die Ergebnisse derselben.

Die Technik der analytischen Arbeit ist also, abgesehen von den Träumen, nur an einigen wenigen Stellen enthüllt worden. Es lag mir in dieser Krankengeschichte daran, die Determinierung der Symptome und den intimen Aufbau der neurotischen Erkrankung aufzuzeigen; es hätte nur unauflösbare Verwirrung erzeugt, wenn ich gleichzeitig versucht hätte, auch die andere Aufgabe zu erfüllen. Zur Begründung der technischen, zumeist empirisch gefundenen Regeln müßte man wohl das Material aus vielen Behandlungsgeschichten zusammentragen. Indes möge man sich die Verkürzung durch die Zurückhaltung der Technik für diesen Fall nicht besonders groß vorstellen. Gerade das schwierigste Stück der technischen Arbeit ist bei der Kranken nicht in Frage gekommen, da das Moment der »Übertragung«, von dem zu Ende der Krankengeschichte die Rede ist, während der kurzen Behandlung nicht zur Sprache kam.

An einer dritten Art von Unvollständigkeit dieses Berichtes tragen weder die Kranke noch der Autor die Schuld. Es ist vielmehr selbstverständlich, daß eine einzige Krankengeschichte, selbst wenn sie vollständig und keiner Anzweiflung ausgesetzt wäre, nicht Antwort auf alle Fragen geben kann, die sich aus dem Hysterieproblem erheben. Sie kann nicht alle Typen der Erkrankung, nicht alle Gestaltungen der inneren Struktur der Neurose, nicht alle bei der Hysterie möglichen Arten des Zusammenhanges zwischen Psychischem und Somatischem kennen lehren. Man darf billigerweise von dem einen Fall nicht mehr fordern, als er zu gewähren vermag. Auch wird, wer bisher nicht an die allgemeine und ausnahmslose Gültigkeit der psychosexuellen Ätiologie für die Hysterie glauben wollte, diese Überzeugung durch die Kenntnisnahme einer Krankengeschichte kaum gewinnen, sondern am besten sein Urteil aufschieben, bis er sich durch eigene Arbeit ein Recht auf eine Überzeugung erworben hat.[1]

---

1 (*Zusatz 1923:*) Die hier mitgeteilte Behandlung wurde am 31. Dezember 1899 [richtig: 1900] unterbrochen, der Bericht über sie in den nächstfolgenden zwei Wochen niedergeschrieben, aber erst 1905 publiziert. Es ist nicht zu erwarten, daß mehr als zwei Dezennien fortgesetzter Arbeit nichts an der Auffassung und Darstellung eines solchen Krankheitsfalles geändert haben sollten, aber es

wäre offenbar unsinnig, diese Krankengeschichte durch Korrekturen und Erweiterungen »*up to date*« zu bringen, sie dem heutigen Stande unseres Wissens anzupassen. Ich habe sie also im wesentlichen unberührt gelassen und in ihrem Text nur Flüchtigkeiten und Ungenauigkeiten verbessert, auf die meine ausgezeichneten englischen Übersetzer, Mr. und Mrs. James Strachey, meine Aufmerksamkeit gelenkt hatten. Was mir an kritischen Zusätzen zulässig schien, habe ich in diesen Zusätzen zur Krankengeschichte untergebracht, so daß der Leser zur Annahme berechtigt ist, ich hielte noch heute an den im Text vertretenen Meinungen fest, wenn er in den Zusätzen keinen Widerspruch dagegen findet. Das Problem der ärztlichen Diskretion, das mich in dieser Vorrede beschäftigt, fällt für die anderen Krankengeschichten dieses Bandes* außer Betracht, denn drei derselben sind mit ausdrücklicher Zustimmung der Behandelten, beim kleinen Hans mit der des Vaters, veröffentlicht worden, und in einem Falle (Schreber) ist das Objekt der Analyse nicht eigentlich eine Person, sondern ein von ihr ausgehendes Buch. Im Falle Dora ist das Geheimnis bis zu diesem Jahr gehütet worden. Ich habe kürzlich gehört, daß die mir längst entschwundene, jetzt neuerlich über andere Anlässe erkrankte Frau ihrem Arzt eröffnet hat, sie sei als Mädchen Objekt meiner Analyse gewesen, und diese Mitteilung machte es dem kundigen Kollegen leicht, in ihr die Dora aus dem Jahre 1899 [richtig 1900] zu erkennen. Daß die drei Monate der damaligen Behandlung nicht mehr leisteten als die Erledigung des damaligen Konflikts, daß sie nicht auch einen Schutz gegen spätere Erkrankungen hinterlassen konnten, wird kein billig Denkender der analytischen Therapie zum Vorwurf machen.

* Anm. d. Herausg. [der *Gesammelten Werke*]: Die hier erwähnten Krankengeschichten finden sich in dieser Ausgabe in den Bänden VII, VIII, XII. [In den *Gesammelten Schriften*, in denen sich diese Fußnote erstmals findet, waren die genannten Fallstudien alle in Bd. 8 enthalten, und zwar – außer der vorliegenden Krankengeschichte der »Dora« –: ›Analyse der Phobie eines fünfjährigen Knaben‹ (»Der kleine Hans«, 1909); ›Bemerkungen über einen Fall von Zwangsneurose‹ (»Rattenmann«, 1909); ›Psychoanalytische Bemerkungen über einen autobiographisch beschriebenen Fall von Paranoia (Dementia paranoides)‹ (Schreber, 1911); ›Aus der Geschichte einer infantilen Neurose‹ (»Wolfsmann«, 1918).]

I
DER KRANKHEITSZUSTAND

Nachdem ich in meiner 1900 veröffentlichten »Traumdeutung« nachgewiesen habe, daß Träume im allgemeinen deutbar sind und daß sie nach vollendeter Deutungsarbeit sich durch tadellos gebildete, an bekannter Stelle in den seelischen Zusammenhang einfügbare Gedanken ersetzen lassen, möchte ich auf den nachfolgenden Seiten ein Beispiel von jener einzigen praktischen Verwendung geben, welche die Kunst des Traumdeutens zuzulassen scheint. Ich habe schon in meinem Buche[1] erwähnt, auf welche Weise ich an die Traumprobleme geraten bin. Ich fand sie auf meinem Wege, während ich Psychoneurosen durch ein besonderes Verfahren der Psychotherapie zu heilen bemüht war, indem mir die Kranken unter anderen Vorfällen aus ihrem Seelenleben auch Träume berichteten, welche nach Einreihung in den lange ausgesponnenen Zusammenhang zwischen Leidenssymptom und pathogener Idee zu verlangen schienen. Ich erlernte damals, wie man aus der Sprache des Traumes in die ohne weitere Nachhilfe verständliche Ausdrucksweise unserer Denksprache übersetzen muß. Diese Kenntnis, darf ich behaupten, ist für den Psychoanalytiker unentbehrlich, denn der Traum stellt einen der Wege dar, wie dasjenige psychische Material zum Bewußtsein gelangen kann, welches kraft des Widerstrebens, das sein Inhalt regemacht, vom Bewußtsein abgesperrt, verdrängt und somit pathogen geworden ist. Der Traum ist, kürzer gesagt, einer der *Umwege zur Umgehung der Verdrängung*, eines der Hauptmittel der sogenannten indirekten Darstellungsweise im Psychischen. Wie die Traumdeutung in die Arbeit der Analyse eingreift, soll nun das vorliegende Bruchstück aus der Behandlungsgeschichte eines hysterischen Mädchens dartun. Es soll mir gleichzeitig Anlaß bieten, von meinen Ansichten über die psychischen Vorgänge und über die organischen Bedingungen der Hysterie zum ersten Male in nicht

---

1 Die Traumdeutung. 1900, S. 68. – 8. Aufl., 1930, S. 70. [*Gesammelte Werke*, Bd. 2/3, S. 104 f.]

mehr mißverständlicher Breite einen Anteil öffentlich zu vertreten. Der Breite wegen brauche ich mich wohl nicht mehr zu entschuldigen, seitdem es zugegeben wird, daß man nur durch liebevollste Vertiefung, aber nicht durch vornehmtuende Geringschätzung den großen Ansprüchen nachkommen kann, welche die Hysterie an den Arzt und Forscher stellt. Freilich:

> »Nicht Kunst und Wissenschaft allein,
> Geduld will bei dem Werke sein!«

Eine lückenlose und abgerundete Krankengeschichte voranschikken, hieße den Leser von vornherein unter ganz andere Bedingungen versetzen, als die des ärztlichen Beobachters waren. Was die Angehörigen des Kranken – in diesem Falle der Vater des 18jährigen Mädchens – berichten, gibt zumeist ein sehr unkenntliches Bild des Krankheitsverlaufs. Ich beginne dann zwar die Behandlung mit der Aufforderung, mir die ganze Lebens- und Krankengeschichte zu erzählen, aber was ich darauf zu hören bekomme, ist zur Orientierung noch immer nicht genügend. Diese erste Erzählung ist einem nicht schiffbaren Strom vergleichbar, dessen Bett bald durch Felsmassen verlegt, bald durch Sandbänke zerteilt und untief gemacht wird. Ich kann mich nur verwundern, wie die glatten und exakten Krankengeschichten Hysterischer bei den Autoren entstanden sind. In Wirklichkeit sind die Kranken unfähig, derartige Berichte über sich zu geben. Sie können zwar über diese oder jene Lebenszeit den Arzt ausreichend und zusammenhängend informieren, dann folgt aber eine andere Periode, in der ihre Auskünfte seicht werden, Lükken und Rätsel lassen, und ein andermal steht man wieder vor ganz dunkeln, durch keine brauchbare Mitteilung erhellten Zeiten. Die Zusammenhänge, auch die scheinbaren, sind meist zerrissen, die Aufeinanderfolge verschiedener Begebenheiten unsicher; während der Erzählung selbst korrigiert die Kranke wiederholt eine Angabe, ein Datum, um dann nach längerem Schwanken etwa wieder auf die erste Aussage zurückzugreifen. Die Unfähigkeit der Kranken zur geordneten Darstellung ihrer Lebensgeschichte, soweit sie mit der Krankheitsgeschichte zusammenfällt, ist nicht nur charakteristisch für die Neurose[1], sie entbehrt auch nicht einer großen theoretischen Bedeutsamkeit. Dieser Mangel hat nämlich folgende Begründungen: Erstens hält die Kranke einen Teil dessen, was ihr wohlbekannt ist und was sie erzählen sollte, bewußt und absichtlich aus den noch nicht überwundenen Motiven der Scheu und Scham (Diskretion, wenn andere Personen in Betracht kommen) zurück; dies wäre der Anteil der bewußten Unaufrichtigkeit. Zweitens bleibt ein Teil ihres anamnestischen Wissens, über welchen die Kranke sonst verfügt, während dieser Erzählung aus, ohne daß die Kranke einen Vorsatz auf diese Zurückhaltung verwendet: Anteil der unbewußten Unaufrichtigkeit. Drittens fehlt es nie an wirklichen Amnesien, Gedächtnislücken, in welche nicht nur alte, sondern selbst ganz rezente Erinnerungen hineingeraten sind, und an Erinnerungstäuschungen, welche sekundär zur Ausfüllung dieser Lücken gebildet wurden.[2] Wo die Begebenheiten selbst dem Gedächtnis erhalten geblieben, da wird die den Amnesien zugrunde liegende Absicht ebenso sicher durch Aufhebung eines Zusammenhanges erreicht, und der Zusammenhang wird am sichersten zerrissen, wenn die Zeitfolge der Begebenheiten verändert wird. Letztere erweist sich auch stets als der vulnerabelste, der Verdrängung am ehesten unterliegende Bestandteil des Erinnerungsschatzes. Manche Erinnerungen trifft man sozusagen in einem ersten Stadium der Verdrängung, sie zeigen sich

---

1 Einst übergab mir ein Kollege seine Schwester zur psychotherapeutischen Behandlung, die, wie er sagte, seit Jahren erfolglos wegen Hysterie (Schmerzen und Gangstörung) behandelt worden sei. Die kurze Information schien mit der Diagnose gut vereinbar; ich ließ mir in einer ersten Stunde von der Kranken selbst ihre Geschichte erzählen. Als diese Erzählung trotz der merkwürdigen Begebenheiten, auf die sie anspielte, vollkommen klar und ordentlich ausfiel, sagte ich mir, der Fall könne keine Hysterie sein, und stellte unmittelbar darauf eine sorgfältige körperliche Untersuchung an. Das Ergebnis war die Diagnose einer mäßig vorgeschrittenen Tabes, die dann auch durch Hg-Injektionen (Ol. cinereum, von Prof. Lang ausgeführt) eine erhebliche Besserung erfuhr.

2 Amnesien und Erinnerungstäuschungen stehen im komplementären Verhältnis zueinander. Wo sich große Erinnerungslücken ergeben, wird man auf wenig Erinnerungstäuschungen stoßen. Umgekehrt können letztere das Vorhandensein von Amnesien für den ersten Anschein völlig verdecken.

mit Zweifel behaftet. Eine gewisse Zeit später wäre dieser Zweifel durch Vergessen oder Fehlerinnern ersetzt.[1]

Ein solcher Zustand der auf die Krankheitsgeschichte bezüglichen Erinnerungen ist das notwendige, *theoretisch geforderte Korrelat der Krankheitssymptome*. Im Verlaufe der Behandlung trägt dann der Kranke nach, was er zurückgehalten oder was ihm nicht eingefallen ist, obwohl er es immer gewußt hat. Die Erinnerungstäuschungen erweisen sich als unhaltbar, die Lücken der Erinnerung werden ausgefüllt. Gegen Ende der Behandlung erst kann man eine in sich konsequente, verständliche und lückenlose Krankengeschichte überblicken. Wenn das praktische Ziel der Behandlung dahin geht, alle möglichen Symptome aufzuheben und durch bewußte Gedanken zu ersetzen, so kann man als ein anderes, theoretisches Ziel die Aufgabe aufstellen, alle Gedächtnisschäden des Kranken zu heilen. Die beiden Ziele fallen zusammen; wenn das eine erreicht ist, ist auch das andere gewonnen; der nämliche Weg führt zu beiden.

Aus der Natur der Dinge, welche das Material der Psychoanalyse bilden, folgt, daß wir in unseren Krankengeschichten den rein menschlichen und sozialen Verhältnissen der Kranken ebensoviel Aufmerksamkeit schuldig sind wie den somatischen Daten und den Krankheitssymptomen. Vor allem anderen wird sich unser Interesse den Familienverhältnissen der Kranken zuwenden, und zwar, wie sich ergeben wird, auch anderer Beziehungen wegen als nur mit Rücksicht auf die zu erforschende Heredität.

Der Familienkreis der 18jährigen Patientin umfaßte außer ihrer Person das Elternpaar und einen um 1½ Jahre älteren Bruder. Die dominierende Person war der Vater, sowohl durch seine Intelligenz und Charaktereigenschaften wie durch seine Lebensumstände, welche das Gerüst für die Kindheits- und Krankengeschichte der Patientin abgeben. Er war zur Zeit, als ich das Mädchen in Behandlung nahm, ein Mann in der zweiten Hälfte der Vierzigerjahre, von nicht ganz gewöhnlicher Rührigkeit und Begabung, Großindustrieller in

---

1 Bei zweifelnder Darstellung, lehrt eine durch Erfahrung gewonnene Regel, sehe man von dieser Urteilsäußerung des Erzählers völlig ab. Bei zwischen zwei Gestaltungen schwankender Darstellung halte man eher die erst geäußerte für richtig, die zweite für ein Produkt der Verdrängung.

sehr behäbiger materieller Situation. Die Tochter hing an ihm mit besonderer Zärtlichkeit, und ihre frühzeitig erwachte Kritik nahm um so stärkeren Anstoß an manchen seiner Handlungen und Eigentümlichkeiten.

Diese Zärtlichkeit war überdies durch die vielen und schweren Erkrankungen gesteigert worden, denen der Vater seit ihrem sechsten Lebensjahr unterlegen war. Damals wurde seine Erkrankung an Tuberkulose der Anlaß zur Übersiedlung der Familie in eine kleine, klimatisch begünstigte Stadt unserer südlichen Provinzen; das Lungenleiden besserte sich daselbst rasch, doch blieb der für nötig gehaltenen Schonung zuliebe dieser Ort, den ich mit B. bezeichnen werde, für die nächsten zehn Jahre ungefähr der vorwiegende Aufenthalt sowohl der Eltern wie auch der Kinder. Der Vater war, wenn es ihm gut ging, zeitweilig abwesend, um seine Fabriken zu besuchen; im Hochsommer wurde ein Höhenkurort aufgesucht.

Als das Mädchen etwa zehn Jahre alt war, machte eine Netzhautablösung beim Vater eine Dunkelkur notwendig. Bleibende Einschränkung des Sehvermögens war die Folge dieses Krankheitszufalles. Die ernsteste Erkrankung ereignete sich etwa zwei Jahre später; sie bestand in einem Anfalle von Verworrenheit, an den sich Lähmungserscheinungen und leichte psychische Störungen anschlossen. Ein Freund des Kranken, dessen Rolle uns noch später beschäftigen wird, bewog damals den nur wenig Gebesserten, mit seinem Arzte nach Wien zu reisen, um meinen Rat einzuholen. Ich schwankte eine Weile, ob ich nicht bei ihm eine Taboparalyse annehmen sollte, entschloß mich aber dann zur Diagnose diffuser vaskulärer Affektion und ließ, nachdem eine spezifische Infektion vor der Ehe vom Kranken zugestanden war, eine energische antiluetische Kur vornehmen, infolge deren sich alle noch vorhandenen Störungen zurückbildeten. Diesem glücklichen Eingreifen verdankte ich wohl, daß mir der Vater vier Jahre später seine deutlich neurotisch gewordene Tochter vorstellte und nach weiteren zwei Jahren zur psychotherapeutischen Behandlung übergab.

Ich hatte unterdes auch eine wenig ältere Schwester des Patienten in Wien kennengelernt, bei der man eine schwere Form von Psychoneurose ohne charakteristisch-hysterische Symptome anerkennen mußte. Diese Frau starb nach einem von einer unglücklichen Ehe erfüllten Leben unter den eigentlich nicht voll aufgeklärten Erscheinungen eines rapid fortschreitenden Marasmus.

Ein älterer Bruder des Patienten, den ich gelegentlich zu Gesichte bekam, war ein hypochondrischer Junggeselle.

Das Mädchen, das im Alter von 18 Jahren meine Patientin wurde, hatte von jeher mit seinen Sympathien auf Seite der väterlichen Familie gestanden und, seitdem sie erkrankt war, ihr Vorbild in der erwähnten Tante gesehen. Es war auch mir nicht zweifelhaft, daß sie sowohl mit ihrer Begabung und intellektuellen Frühreife als auch mit ihrer Krankheitsveranlagung dieser Familie angehörte. Die Mutter habe ich nicht kennengelernt. Nach den Mitteilungen des Vaters und des Mädchens mußte ich mir die Vorstellung machen, sie sei eine wenig gebildete, vor allem aber unkluge Frau, die besonders seit der Erkrankung und der ihr folgenden Entfremdung ihres Mannes alle ihre Interessen auf die Hauswirtschaft konzentriere und so das Bild dessen biete, was man die »Hausfrauenpsychose« nennen kann. Ohne Verständnis für die regeren Interessen ihrer Kinder, war sie den ganzen Tag mit Reinmachen und Reinhalten der Wohnung, Möbel und Gerätschaften in einem Maße beschäftigt, welches Gebrauch und Genuß derselben fast unmöglich machte. Man kann nicht umhin, diesen Zustand, von dem sich Andeutungen häufig genug bei normalen Hausfrauen finden, den Formen von Wasch- und anderem Reinlichkeitszwang an die Seite zu stellen; doch fehlt es bei solchen Frauen, wie auch bei der Mutter unserer Patientin, völlig an der Krankheitserkenntnis und somit an einem wesentlichen Merkmal der »Zwangsneurose«. Das Verhältnis zwischen Mutter und Tochter war seit Jahren ein sehr unfreundliches. Die Tochter übersah die Mutter, kritisierte sie hart und hatte sich ihrem Einfluß völlig entzogen.[1]

---

1 Ich stehe zwar nicht auf dem Standpunkte, die einzige Ätiologie der Hysterie sei die Heredität, möchte aber gerade mit Hinblick auf frühere Publikationen (L'hérédité et l'étiologie des névroses. Revue neurologique, 1896; enthalten in Bd. I dieser Gesamtausgabe [der *Gesammelten Werke*]), in denen ich den obigen Satz bekämpfe, nicht den Anschein erwecken, als unterschätzte ich die Heredität in der Ätiologie der Hysterie oder hielte sie überhaupt für entbehrlich. Für den Fall unserer Patientin ergibt sich eine genügende Krankheitsbelastung aus dem über den Vater und dessen Geschwister Mitgeteilten; ja, wer der

Der einzige, um 1½ Jahre ältere Bruder des Mädchens war ihr in früheren Jahren das Vorbild gewesen, dem ihr Ehrgeiz nachgestrebt hatte. Die Beziehungen der beiden Geschwister hatten sich in den letzten Jahren gelockert. Der junge Mann suchte sich den Familienwirren möglichst zu entziehen; wo er Partei nehmen mußte, stand er auf seiten der Mutter. So hatte die gewöhnliche sexuelle Attraktion Vater und Tochter einerseits, Mutter und Sohn anderseits einander nähergebracht.

Unsere Patientin, der ich fortan ihren Namen Dora geben will, zeigte schon im Alter von acht Jahren nervöse Symptome. Sie erkrankte damals an permanenter, anfallsweise sehr gesteigerter Atemnot, die zuerst nach einer kleinen Bergpartie auftrat und darum auf Überanstrengung bezogen wurde. Der Zustand klang im Laufe eines halben Jahres langsam unter der ihr aufgenötigten Ruhe und Schonung ab. Der Hausarzt der Familie scheint bei der Diagnose einer rein nervösen Störung und beim Ausschluß einer organischen Verursachung der Dyspnoe keinen Moment geschwankt zu haben, aber er hielt offenbar solche Diagnose für vereinbar mit der Ätiologie der Überanstrengung.[1]

Anschauung ist, daß auch Krankheitszustände wie der der Mutter ohne hereditäre Disposition unmöglich sind, wird die Heredität dieses Falles für eine konvergente erklären können. Mir erscheint für die hereditäre oder besser konstitutionelle Disposition des Mädchens ein anderes Moment bedeutsamer. Ich habe erwähnt, daß der Vater vor der Ehe Syphilis überstanden hatte. Nun stammt ein *auffällig großer* Prozentsatz meiner psychoanalytisch behandelten Kranken von Vätern ab, die an Tabes oder an Paralyse gelitten haben. Infolge der Neuheit meines therapeutischen Verfahrens fallen mir nur die *schwersten* Fälle zu, die bereits jahrelang ohne jeglichen Erfolg behandelt worden sind. Tabes oder Paralyse des Erzeugers darf man als Anhänger der Erb-Fournierschen Lehre als Hinweise auf eine stattgehabte luetische Infektion aufnehmen, welche in einer Anzahl von Fällen bei diesen Vätern auch von mir direkt festgestellt worden ist. In der letzten Diskussion über die Nachkommenschaft Syphilitischer (XIII. Internat. Medizin. Kongreß zu Paris, 2.–9. August 1900, Referate von Finger, Tarnowsky, Jullien u. a.) vermisse ich die Erwähnung der Tatsache, zu deren Anerkennung mich meine Erfahrung als Neuropathologe drängt, daß Syphilis der Erzeuger als Ätiologie für die neuropathische Konstitution der Kinder sehr wohl in Betracht kommt.

1 Über den wahrscheinlichen Anlaß dieser ersten Erkrankung siehe weiter unten.

Die Kleine machte die gewöhnlichen Kinderinfektionskrankheiten ohne bleibende Schädigung durch. Wie sie (in symbolisierender Absicht!) erzählte, machte gewöhnlich der Bruder den Anfang mit der Erkrankung, die er im leichten Grade hatte, worauf sie mit schweren Erscheinungen nachfolgte. Gegen das Alter von 12 Jahren traten migräneartige halbseitige Kopfschmerzen und Anfälle von nervösem Husten bei ihr auf, anfangs jedesmal miteinander, bis sich die beiden Symptome voneinander lösten, um eine verschiedene Entwicklung zu erfahren. Die Migräne wurde seltener und war mit 16 Jahren überwunden. Die Anfälle von Tussis nervosa, zu denen ein gemeiner Katarrh wohl den Anstoß gegeben hatte, hielten die ganze Zeit über an. Als sie mit 18 Jahren in meine Behandlung kam, hustete sie neuerdings in charakteristischer Weise. Die Anzahl dieser Anfälle war nicht festzustellen, die Dauer derselben betrug drei bis fünf Wochen, einmal auch mehrere Monate. In der ersten Hälfte eines solchen Anfalles war wenigstens in den letzten Jahren komplette Stimmlosigkeit das lästigste Symptom gewesen. Die Diagnose, daß es sich wieder um Nervosität handle, stand längst fest; die mannigfachen gebräuchlichen Behandlungen, auch Hydrotherapie und lokale Elektrisierung, blieben ohne Erfolg. Das unter diesen Zuständen zum reifen, im Urteil sehr selbständigen Mädchen herangewachsene Kind gewöhnte sich daran, der Bemühungen der Ärzte zu spotten und zuletzt auf ärztliche Hilfe zu verzichten. Sie hatte sich übrigens von jeher gesträubt, den Arzt zu Rate zu ziehen, obwohl sie gegen die Person ihres Hausarztes keine Abneigung hatte. Jeder Vorschlag, einen neuen Arzt zu konsultieren, erregte ihren Widerstand, und auch zu mir trieb sie erst das Machtwort des Vaters.

Ich sah sie zuerst im Frühsommer ihres 16. Jahres mit Husten und Heiserkeit behaftet und schlug schon damals eine psychische Kur vor, von der dann Abstand genommen wurde, als auch dieser länger dauernde Anfall spontan verging. Im Winter des nächsten Jahres war sie nach dem Tode ihrer geliebten Tante in Wien im Hause des Onkels und seiner Töchter und erkrankte hier fieberhaft an einem Zustand, der damals als Blinddarmentzündung diagnostiziert wurde.[1] In dem darauffolgenden Herbst verließ die Familie endgül-

---

1 Vgl. über denselben die Analyse des zweiten Traumes.

tig den Kurort B., da die Gesundheit des Vaters dies zu gestatten schien, nahm zuerst in dem Orte, wo sich die Fabrik des Vaters befand, und kaum ein Jahr später in Wien dauernden Aufenthalt.

Dora war unterdes zu einem blühenden Mädchen von intelligenten und gefälligen Gesichtszügen herangewachsen, das ihren Eltern aber schwere Sorge bereitete. Das Hauptzeichen ihres Krankseins war Verstimmung und Charakterveränderung geworden. Sie war offenbar weder mit sich noch mit den Ihrigen zufrieden, begegnete ihrem Vater unfreundlich und vertrug sich gar nicht mehr mit ihrer Mutter, die sie durchaus zur Teilnahme an der Wirtschaft heranziehen wollte. Verkehr suchte sie zu vermeiden; soweit die Müdigkeit und Zerstreutheit, über die sie klagte, es zuließen, beschäftigte sie sich mit dem Anhören von Vorträgen für Damen und trieb ernstere Studien. Eines Tages wurden die Eltern in Schreck versetzt durch einen Brief, den sie auf oder in dem Schreibtisch des Mädchens fanden, in dem sie Abschied von ihnen nahm, weil sie das Leben nicht mehr ertragen könne.[1] Die nicht geringe Einsicht des Vaters ließ ihn zwar annehmen, daß kein ernsthafter Selbstmordvorsatz das Mädchen beherrsche, aber er blieb erschüttert, und als sich eines Tages nach einem geringfügigen Wortwechsel zwischen Vater und Tochter bei letzterer ein erster Anfall von Bewußtlosigkeit[2] einstellte, für den dann auch Amnesie bestand, wurde trotz ihres Sträubens bestimmt, daß sie in meine Behandlung treten solle.

Die Krankengeschichte, die ich bisher skizziert, erscheint wohl im ganzen nicht mitteilenswert. *»Petite hystérie«* mit den allergewöhnlichsten somatischen und psychischen Symptomen: Dyspnoe, Tus-

---

1 Diese Kur und somit meine Einsicht in die Verkettungen der Krankengeschichte ist, wie ich bereits mitgeteilt habe, ein Bruchstück geblieben. Ich kann darum über manche Punkte keinen Aufschluß geben oder nur Andeutungen und Vermutungen verwerten. Als dieser Brief in einer Sitzung zur Sprache kam, fragte das Mädchen wie erstaunt: »Wie haben sie den Brief nur gefunden? Er war doch in meinem Schreibtische eingeschlossen.« Da sie aber wußte, daß die Eltern diesen Entwurf zu einem Abschiedsbrief gelesen hatten, so schließe ich, daß sie ihnen denselben selbst in die Hände gespielt.

2 Ich glaube, daß in diesem Anfalle auch Krämpfe und Delirien zu beobachten waren. Da aber die Analyse auch zu diesem Ereignis nicht vorgedrungen ist, verfüge ich über keine gesicherte Erinnerung hierüber.

sis nervosa, Aphonie, etwa noch Migränen, dazu Verstimmung, hysterische Unverträglichkeit und ein wahrscheinlich nicht ernst gemeintes Taedium vitae. Es sind gewiß interessantere Kranken- geschichten von Hysterischen veröffentlicht worden und sehr oft sorgfältiger aufgenommene, denn auch von Stigmen der Hautemp- findlichkeit, Gesichtsfeldeinschränkung u. dgl. wird man in der Fortsetzung nichts finden. Ich gestatte mir bloß die Bemerkung, daß uns alle Sammlungen von seltsamen und erstaunlichen Phänomenen bei Hysterie in der Erkenntnis dieser noch immer rätselhaften Er- krankung um nicht vieles gefördert haben. Was uns not tut, ist ge- rade die Aufklärung der allergewöhnlichsten Fälle und der allerhäu- figsten, der typischen Symptome bei ihnen. Ich wäre zufrieden, wenn mir die Verhältnisse gestattet hätten, für diesen Fall kleiner Hysterie die Aufklärung vollständig zu geben. Nach meinen Erfah- rungen an anderen Kranken zweifle ich nicht daran, daß meine ana- lytischen Mittel dafür ausgereicht hätten.

Im Jahre 1896, kurz nach der Veröffentlichung meiner »Studien über Hysterie« mit Dr. J. Breuer bat ich einen hervorragenden Fach- genossen um sein Urteil über die darin vertretene psychologische Theorie der Hysterie. Er antwortete unumwunden, er halte sie für eine unberechtigte Verallgemeinerung von Schlüssen, die für einige wenige Fälle richtig sein mögen. Seither habe ich reichlich Fälle von Hysterie gesehen, habe mich einige Tage, Wochen oder Jahre mit jedem Falle beschäftigt, und in keinem einzigen Falle habe ich jene psychischen Bedingungen vermißt, welche die »Studien« postulie- ren, das psychische Trauma, den Konflikt der Affekte und, wie ich in späteren Publikationen hinzugefügt habe, die Ergriffenheit der Sexualsphäre. Man darf bei Dingen, welche durch ihr Bestreben, sich zu verbergen, pathogen geworden sind, freilich nicht erwarten, daß die Kranken sie dem Arzt entgegentragen werden, oder darf sich nicht bei dem ersten »Nein«, das sich der Forschung entgegen- setzt, bescheiden.[1]

---

1 Hier ein Beispiel fürs letztere. Einer meiner Wiener Kollegen, dessen Über- zeugung von der Belanglosigkeit sexueller Momente für die Hysterie durch solche Erfahrungen wahrscheinlich sehr gefestigt worden ist, entschloß sich bei einem 14jährigen Mädchen mit bedrohlichem hysterischen Erbrechen zur

Bei meiner Patientin Dora dankte ich es dem schon mehrmals hervorgehobenen Verständnis des Vaters, daß ich nicht selbst nach der Lebensanknüpfung, wenigstens für die letzte Gestaltung der Krankheit, zu suchen brauchte. Der Vater berichtete mir, daß er wie seine Familie in B. intime Freundschaft mit einem Ehepaar geschlossen hätten, welches seit mehreren Jahren dort ansässig war. Frau K. habe ihn während seiner großen Krankheit gepflegt und sich dadurch einen unvergänglichen Anspruch auf seine Dankbarkeit erworben. Herr K. sei stets sehr liebenswürdig gegen seine Tochter Dora gewesen, habe Spaziergänge mit ihr unternommen, wenn er in B. anwesend war, ihr kleine Geschenke gemacht, doch hätte niemand etwas Arges daran gefunden. Dora habe die zwei kleinen Kinder des Ehepaares K. in der sorgsamsten Weise betreut, gleichsam Mutterstelle an ihnen vertreten. Als Vater und Tochter mich im Sommer vor zwei Jahren aufsuchten, waren sie eben auf der Reise zu Herrn und Frau K. begriffen, die Sommeraufenthalt an einem unserer Alpenseen genommen hatten. Dora sollte mehrere Wochen im Hause K. bleiben, der Vater wollte nach wenigen Tagen zurückreisen. Herr K. war in diesen Tagen auch zugegen. Als der Vater aber zur Abreise rüstete, erklärte das Mädchen plötzlich mit größter Entschiedenheit, sie reise mit, und sie hatte es auch so durchgesetzt. Einige Tage später gab sie erst die Aufklärung für ihr auffälliges Benehmen, indem sie der Mutter zur Weiterbeförderung an den Vater erzählte, Herr K. habe auf einem Spaziergang nach einer Seefahrt gewagt, ihr einen Liebesantrag zu machen. Der Beschuldigte, beim

---

peinlichen Frage, ob sie vielleicht gar eine Liebesbeziehung gehabt hätte. Das Kind antwortete: Nein, wahrscheinlich mit gut gespieltem Erstaunen, und erzählte in seiner respektlosen Weise der Mutter: Denk' dir, der dumme Kerl hat mich gar gefragt, ob ich verliebt bin. Es kam dann in meine Behandlung und enthüllte sich – freilich nicht gleich bei der ersten Unterredung – als eine langjährige Masturbantin mit starkem Fluor albus (der viel Bezug auf das Erbrechen hatte), die sich endlich selbst entwöhnt hatte, in der Abstinenz aber von dem heftigsten Schuldgefühl gepeinigt wurde, so daß sie alle Unfälle, welche die Familie betrafen, als göttliche Strafe für ihre Versündigung ansah. Außerdem stand sie unter dem Einflusse des Romans ihrer Tante, deren uneheliche Gravidität (mit zweiter Determination für das Erbrechen) ihr angeblich glücklich verheimlicht worden war. Sie galt als ein »ganzes Kind«, erwies sich aber als eingeweiht in alles Wesentliche der sexuellen Beziehungen.

nächsten Zusammentreffen von Vater und Onkel zur Rede gestellt, leugnete aufs nachdrücklichste jeden Schritt seinerseits, der solche Auslegung verdient hätte, und begann das Mädchen zu verdächtigen, das nach der Mitteilung der Frau K. nur für sexuelle Dinge Interesse zeige und in ihrem Hause am See selbst Mantegazzas »Physiologie der Liebe« und ähnliche Bücher gelesen habe. Wahrscheinlich habe sie, durch solche Lektüre erhitzt, sich die ganze Szene, von der sie erzählt, »eingebildet«.

»Ich bezweifle nicht«, sagte der Vater, »daß dieser Vorfall die Schuld an Doras Verstimmung, Gereiztheit und Selbstmordideen trägt. Sie verlangt von mir, daß ich den Verkehr mit Herrn und besonders mit Frau K., die sie früher geradezu verehrt hat, abbreche. Ich kann das aber nicht, denn erstens halte ich selbst die Erzählung Doras von der unsittlichen Zumutung des Mannes für eine Phantasie, die sich ihr aufgedrängt hat, zweitens bin ich an Frau K. durch ehrliche Freundschaft gebunden und mag ihr nicht wehe tun. Die arme Frau ist sehr unglücklich mit ihrem Manne, von dem ich übrigens nicht die beste Meinung habe; sie war selbst sehr nervenleidend und hat an mir den einzigen Anhalt. Bei meinem Gesundheitszustand brauche ich Ihnen wohl nicht zu versichern, daß hinter diesem Verhältnis nichts Unerlaubtes steckt. Wir sind zwei arme Menschen, die einander, so gut es geht, durch freundschaftliche Teilnahme trösten. Daß ich nichts an meiner eigenen Frau habe, ist Ihnen bekannt. Dora aber, die meinen harten Kopf hat, ist von ihrem Haß gegen die K. nicht abzubringen. Ihr letzter Anfall war nach einem Gespräch, in dem sie wiederum dieselbe Forderung an mich stellte. Suchen Sie sie jetzt auf bessere Wege zu bringen.«

Nicht ganz im Einklang mit diesen Eröffnungen stand es, daß der Vater in anderen Reden die Hauptschuld an dem unerträglichen Wesen seiner Tochter auf die Mutter zu schieben suchte, deren Eigenheiten allen das Haus verleideten. Ich hatte mir aber längst vorgenommen, mein Urteil über den wirklichen Sachverhalt aufzuschieben, bis ich auch den anderen Teil gehört hätte.

In dem Erlebnis mit Herrn K. – in der Liebeswerbung und der darauffolgenden Ehrenkränkung – wäre also für unsere Patientin Dora das psychische Trauma gegeben, welches seinerzeit Breuer und ich als unerläßliche Vorbedingung für die Entstehung eines hysterischen Krankheitszustandes hingestellt haben. Dieser neue Fall zeigt aber auch alle die Schwierigkeiten, die mich seither veranlaßt haben, über diese Theorie hinauszugehen[1], vermehrt durch eine neue Schwierigkeit besonderer Art. Das uns bekannte Trauma der Lebensgeschichte ist nämlich, wie so oft in den hysterischen Krankengeschichten, untauglich, um die Eigenart der Symptome zu erklären, sie zu determinieren; wir würden ebensoviel oder ebensowenig vom Zusammenhang erfassen, wenn andere Symptome als Tussis nervosa, Aphonie, Verstimmung und Taedium vitae der Erfolg des Traumas gewesen wären. Nun kommt aber hinzu, daß ein Teil dieser Symptome – der Husten und die Stimmlosigkeit – schon Jahre vor dem Trauma von der Kranken produziert worden sind und daß die ersten Erscheinungen überhaupt der Kindheit angehören, da sie in das achte Lebensjahr fallen. Wir müssen also, wenn wir die traumatische Theorie nicht aufgeben wollen, bis auf die Kindheit zurückgreifen, um dort nach Einflüssen oder Eindrücken zu suchen, welche analog einem Trauma wirken können, und dann ist es recht bemerkenswert, daß mich auch die Untersuchung von Fällen, deren erste Symptome nicht bereits in der Kindheit einsetzten, zur Verfolgung der Lebensgeschichte bis in die ersten Kinderjahre angeregt hat.[2]

---

1 Ich bin über diese Theorie hinausgegangen, ohne sie aufzugeben, d. h. ich erkläre sie heute nicht für unrichtig, sondern für unvollständig. Aufgegeben habe ich bloß die Betonung des sogenannten hypnoiden Zustandes, der aus Anlaß des Traumas bei dem Kranken auftreten und die Begründung für das weitere psychologisch abnorme Geschehen auf sich nehmen soll. Wenn es bei gemeinsamer Arbeit gestattet ist, nachträglich eine Eigentumsscheidung vorzunehmen, so möchte ich hier doch aussagen, daß die Aufstellung der »hypnoiden Zustände«, in welcher dann manche Referenten den Kern unserer Arbeit erkennen wollten, der ausschließlichen Initiative Breuers entsprungen ist. Ich halte es für überflüssig und irreleitend, die Kontinuität des Problems, worin der psychische Vorgang bei der hysterischen Symptombildung bestehe, durch diese Namengebung zu unterbrechen.

2 Vgl. meine Abhandlung: Zur Ätiologie der Hysterie. Wiener klinische Rundschau. 1896. Nr. 22–26. (Sammlung kl. Schriften zur Neurosenlehre, I. Folge, 1906. 3. Aufl. 1920. – Enthalten in Bd. I dieser Gesamtausgabe [der *Gesammelten Werke*].)

Nachdem die ersten Schwierigkeiten der Kur überwunden waren, machte mir Dora Mitteilung von einem früheren Erlebnisse mit Herrn K., welches sogar besser geeignet war, als sexuelles Trauma zu wirken. Sie war damals 14 Jahre alt. Herr K. hatte mit ihr und seiner Frau verabredet, daß die Damen am Nachmittag in seinen Geschäftsladen auf dem Hauptplatz von B. kommen sollten, um von dort aus eine kirchliche Feierlichkeit mitanzusehen. Er bewog aber seine Frau, zu Hause zu bleiben, entließ die Kommis und war allein, als das Mädchen ins Geschäft trat. Als die Zeit der Prozession herannahte, ersuchte er das Mädchen, ihn bei der Türe, die aus dem Laden zur Treppe ins höhere Stockwerk führte, zu erwarten, während er die Rollbalken herunterließ. Er kam dann zurück, und anstatt durch die offene Türe hinauszugehen, preßte er plötzlich das Mädchen an sich und drückte ihm einen Kuß auf die Lippen. Das war wohl die Situation, um bei einem 14jährigen unberührten Mädchen eine deutliche Empfindung sexueller Erregtheit hervorzurufen. Dora empfand aber in diesem Moment einen heftigen Ekel, riß sich los und eilte an dem Manne vorbei zur Treppe und von dort zum Haustor. Der Verkehr mit Herrn K. dauerte nichtsdestoweniger fort; keiner von ihnen tat dieser kleinen Szene je Erwähnung, auch will sie dieselbe bis zur Beichte in der Kur als Geheimnis bewahrt haben. In der nächsten Zeit vermied sie übrigens die Gelegenheit, mit Herrn K. allein zu sein. Das Ehepaar K. hatte damals einen mehrtägigen Ausflug verabredet, an dem auch Dora teilnehmen sollte. Nach dem Kuß im Laden sagte sie ihre Beteiligung ab, ohne Gründe anzugeben.

In dieser, der Reihe nach zweiten, der Zeit nach früheren Szene ist das Benehmen des 14jährigen Kindes bereits ganz und voll hysterisch. Jede Person, bei welcher ein Anlaß zur sexuellen Erregung überwiegend oder ausschließlich Unlustgefühle hervorruft, würde ich unbedenklich für eine Hysterika halten, ob sie nun somatische Symptome zu erzeugen fähig sei oder nicht. Den Mechanismus dieser *Affektverkehrung* aufzuklären bleibt eine der bedeutsamsten, gleichzeitig eine der schwierigsten Aufgaben der Neurosenpsychologie. Nach meinem eigenen Urteil bin ich noch ein gut Stück Weges von diesem Ziel entfernt; im Rahmen dieser Mitteilung werde ich

aber auch von dem, was ich weiß, nur einen Teil vorbringen können.

Der Fall unserer Patientin Dora ist durch die Hervorhebung der
Affektverkehrung noch nicht genügend charakterisiert; man muß
außerdem sagen, hier hat eine *Verschiebung* der Empfindung statt-
gefunden. Anstatt der Genitalsensation, die bei einem gesunden
Mädchen unter solchen Umständen[1] gewiß nicht gefehlt hätte, stellt
sich bei ihr die Unlustempfindung ein, welche dem Schleimhaut-
trakt des Einganges in den Verdauungskanal zugehört, der Ekel.
Gewiß hat auf diese Lokalisation die Lippenerregung durch den
Kuß Einfluß genommen; ich glaube aber auch noch die Wirkung
eines anderen Momentes zu erkennen.[2]
Der damals verspürte Ekel ist bei Dora nicht zum bleibenden Symptom geworden, auch zur Zeit der Behandlung war er nur gleichsam
potentiell vorhanden. Sie aß schlecht und gestand eine gelinde Abneigung gegen Speisen zu. Dagegen hatte jene Szene eine andere
Folge zurückgelassen, eine Empfindungshalluzination, die von Zeit
zu Zeit auch während ihrer Erzählung wieder auftrat. Sie sagte,
sie verspüre jetzt noch den Druck auf den Oberkörper von jener
Umarmung. Nach gewissen Regeln der Symptombildung, die mir
bekannt geworden sind, im Zusammenhalt mit anderen, sonst un-
erklärlichen Eigentümlichkeiten der Kranken, die z. B. an keinem
Manne vorbeigehen wollte, den sie in eifrigem oder zärtlichem Gespräch mit einer Dame stehen sah, habe ich mir von dem Hergang in
jener Szene folgende Rekonstruktion geschaffen. Ich denke, sie verspürte in der stürmischen Umarmung nicht bloß den Kuß auf ihren
Lippen, sondern auch das Andrängen des erigierten Gliedes gegen
ihren Leib. Diese ihr anstößige Wahrnehmung wurde für die Erinnerung beseitigt, verdrängt und durch die harmlose Sensation des
Druckes am Thorax ersetzt, die aus der verdrängten Quelle ihre

---

1 Die Würdigung dieser Umstände wird durch eine spätere Aufklärung erleich-
   tert werden.
2 Akzidentelle Ursachen hatte der Ekel Doras bei diesem Kusse sicherlich nicht,
   diese wären unfehlbar erinnert und erwähnt worden. Ich kenne zufällig
   Herrn K.; es ist dieselbe Person, die den Vater der Patientin zu mir begleitet
   hat, ein noch jugendlicher Mann von einnehmendem Äußern.

übergroße Intensität bezieht. Eine neuerliche Verschiebung also vom Unterkörper auf den Oberkörper.[1] Der Zwang in ihrem Benehmen ist hingegen so gebildet, als ginge er von der unveränderten Erinnerung aus. Sie mag an keinem Manne, den sie in sexueller Erregung glaubt, vorbeigehen, weil sie das somatische Zeichen derselben nicht wieder sehen will.

Es ist bemerkenswert, wie hier drei Symptome – der Ekel, die Drucksensation am Oberkörper und die Scheu vor Männern in zärtlichem Gespräch – aus einem Erlebnis hervorgehen und wie erst die Aufeinanderbeziehung dieser drei Zeichen das Verständnis für den Hergang der Symptombildung ermöglicht. Der Ekel entspricht dem Verdrängungssymptom von der erogenen (durch infantiles Lutschen, wie wir hören werden, verwöhnten) Lippenzone. Das Andrängen des erigierten Gliedes hat wahrscheinlich die analoge Veränderung an dem entsprechenden weiblichen Organ, der Clitoris, zur Folge gehabt, und die Erregung dieser zweiten erogenen Zone ist durch Verschiebung auf die gleichzeitige Drucksensation am Thorax fixiert worden. Die Scheu vor Männern in möglicherweise sexuell erregtem Zustande folgt dem Mechanismus einer Phobie, um sich vor einer neuerlichen Wiederbelebung der verdrängten Wahrnehmung zu sichern.

Um die Möglichkeit dieser Ergänzung darzutun, habe ich in der vorsichtigsten Weise bei der Patientin angefragt, ob ihr von körperlichen Zeichen der Erregtheit am Leibe des Mannes etwas bekannt sei. Die Antwort lautete für heute: ja, für damals: sie glaube nicht. Ich habe bei dieser Patientin von Anfang an die größte Sorgfalt aufgewendet, um ihr keinen neuen Wissensstoff aus dem Gebiete des Geschlechtslebens zuzuführen, und dies nicht aus Gründen der Gewissenhaftigkeit, sondern weil ich meine Voraussetzungen an die-

---

1 Solche Verschiebungen werden nicht etwa zum Zwecke dieser einen Erklärung angenommen, sondern ergeben sich für eine große Reihe von Symptomen als unabweisbare Forderung. Ich habe seither von einer früher zärtlich verliebten Braut, die sich wegen plötzlicher Erkaltung gegen ihren Verlobten, die unter schwerer Verstimmung eintrat, an mich wendete, denselben Schreckeffekt einer Umarmung (ohne Kuß) vernommen. Hier gelang die Zurückführung des Schrecks auf die wahrgenommene, aber fürs Bewußtsein beseitigte Erektion des Mannes ohne weitere Schwierigkeit.

sem Falle einer harten Probe unterziehen wollte. Ich nannte ein Ding also erst dann beim Namen, wenn ihre allzu deutlichen Anspielungen die Übersetzung ins Direkte als ein sehr geringfügiges Wagstück erscheinen ließen. Ihre prompte und ehrliche Antwort ging auch regelmäßig dahin, das sei ihr bereits bekannt, aber das Rätsel, *woher* sie es denn wisse, war durch ihre Erinnerungen nicht zu lösen. Die Herkunft all dieser Kenntnisse hatte sie vergessen.[1]
Wenn ich mir die Szene des Kusses im Laden so vorstellen darf, so gelange ich zu folgender Ableitung für den Ekel.[2] Die Ekelempfindung scheint ja ursprünglich die Reaktion auf den Geruch (später auch auf den Anblick) der Exkremente zu sein. An die exkrementellen Funktionen können die Genitalien und speziell das männliche Glied aber erinnern, weil hier das Organ außer der sexuellen auch der Funktion der Harnentleerung dient. Ja, diese Verrichtung ist die älter bekannte und die in der vorsexuellen Zeit einzig bekannte. So gelangt der Ekel unter die Affektäußerungen des Sexuallebens. Es ist das *inter urinas et faeces nascimur* des Kirchenvaters, welches dem Sexualleben anhaftet und aller idealisierenden Bemühung zum Trotze von ihm nicht abzulösen ist. Ich will es aber ausdrücklich als meinen Standpunkt hervorheben, daß ich das Problem durch den Nachweis dieses Assoziationsweges nicht für gelöst halte. Wenn diese Assoziation wachgerufen werden kann, so ist damit noch nicht erklärt, daß sie auch wachgerufen wird. Sie wird es nicht unter normalen Verhältnissen. Die Kenntnis der Wege macht die Kenntnis der Kräfte nicht überflüssig, welche diese Wege wandeln.[3]

---

1 Vgl. den zweiten Traum.
2 Hier wie an allen ähnlichen Stellen mache man sich nicht auf einfache, sondern auf mehrfache Begründung, auf *Überdeterminierung* gefaßt.
3 An all diesen Erörterungen ist viel Typisches und für Hysterie allgemein Gültiges. Das Thema der Erektion löst einige der interessantesten unter den hysterischen Symptomen. Die weibliche Aufmerksamkeit für die durch die Kleider wahrnehmbaren Umrisse der männlichen Genitalien wird nach ihrer Verdrängung zum Motiv so vieler Fälle von Menschenscheu und Gesellschaftsangst. Die breite Verbindung zwischen dem Sexuellen und dem Exkrementellen, deren pathogene Bedeutung wohl nicht groß genug veranschlagt werden kann, dient einer überaus reichlichen Anzahl von hysterischen Phobien zur Grundlage.

Im übrigen fand ich es nicht leicht, die Aufmerksamkeit meiner Patientin auf ihren Verkehr mit Herrn K. zu lenken. Sie behauptete, mit dieser Person abgeschlossen zu haben. Die oberste Schicht all ihrer Einfälle in den Sitzungen, alles was ihr leicht bewußt wurde und was sie als bewußt vom Vortag erinnerte, bezog sich immer auf den Vater. Es war ganz richtig, daß sie dem Vater die Fortsetzung des Verkehres mit Herrn und besonders mit Frau K. nicht verzeihen konnte. Ihre Auffassung dieses Verkehrs war allerdings eine andere, als die der Vater selbst gehegt wissen wollte. Für sie bestand kein Zweifel, daß es ein gewöhnliches Liebesverhältnis sei, das ihren Vater an die junge und schöne Frau knüpfe. Nichts was dazu beitragen konnte, diesen Satz zu erhärten, war ihrer hierin unerbittlich scharfen Wahrnehmung entgangen, *hier fand sich keine Lücke in ihrem Gedächtnisse*. Die Bekanntschaft mit den K. hatte schon vor der schweren Erkrankung des Vaters begonnen; sie wurde aber erst intim, als sich während dieser Krankheit die junge Frau förmlich zur Pflegerin aufwarf, während die Mutter sich vom Bette des Kranken fernehielt. In dem ersten Sommeraufenthalte nach der Genesung ereigneten sich Dinge, die jedermann über die wirkliche Natur dieser »Freundschaft« die Augen öffnen mußten. Die beiden Familien hatten gemeinsam einen Trakt im Hotel gemietet, und da geschah es eines Tages, daß Frau K. erklärte, sie könne das Schlafzimmer nicht beibehalten, welches sie bisher mit einem ihrer Kinder geteilt hatte, und wenige Tage nachher gab ihr Vater sein Schlafzimmer auf, und beide bezogen neue Zimmer, die Endzimmer, die nur durch den Korridor getrennt waren, während die aufgegebenen Räume solche Garantie gegen Störung nicht geboten hatten. Wenn sie dem Vater später Vorwürfe wegen der Frau K. machte, so pflegte er zu sagen, er begreife diese Feindschaft nicht, die Kinder hätten vielmehr allen Grund, der Frau K. dankbar zu sein. Die Mama, an welche sie sich dann um Aufklärung dieser dunkeln Rede wandte, teilte ihr mit, der Papa sei damals so unglücklich gewesen, daß er im Walde einen Selbstmord habe verüben wollen; Frau K., die es geahnt, sei ihm aber nachgekommen und habe ihn durch ihr Bitten bestimmt, sich den Seinigen zu erhalten. Sie glaube natürlich nicht daran, man habe wohl die beiden im Walde mitsammen gesehen und da habe der Papa dies Märchen vom Selbstmord erfunden, um das Rendezvous zu

rechtfertigen.[1] Als sie dann nach B. zurückkehrten, war der Papa
täglich zu bestimmten Stunden bei Frau K., während der Mann im
Geschäft war. Alle Leute hätten darüber gesprochen und sie in be-
zeichnender Weise danach gefragt. Herr K. selbst habe oft gegen
ihre Mama bitter geklagt, sie selbst aber mit Anspielungen auf den
Gegenstand verschont, was sie ihm als Zartgefühl anzurechnen
schien. Bei gemeinsamen Spaziergängen wußten Papa und Frau K.
es regelmäßig so einzurichten, daß er mit Frau K. allein blieb. Es war
kein Zweifel, daß sie Geld von ihm nahm, denn sie machte Ausgaben, die sie unmöglich aus eigenen Mitteln oder aus denen ihres
Mannes bestreiten konnte. Der Papa begann auch, ihr große Geschenke zu machen; um diese zu verdecken, wurde er gleichzeitig
besonders freigiebig gegen die Mutter und gegen sie (Dora) selbst.
Die bis dahin kränkliche Frau, die selbst für Monate eine Nerven-
heilanstalt aufsuchen mußte, weil sie nicht gehen konnte, war seither gesund und lebensfrisch.

Auch nachdem sie B. verlassen hatten, setzte sich der mehrjährige
Verkehr fort, indem der Vater von Zeit zu Zeit erklärte, er vertrage
das rauhe Klima nicht, müsse etwas für sich tun, zu husten und zu
klagen begann, bis er plötzlich nach B. abgereist war, von wo aus er
die heitersten Briefe schrieb. All diese Krankheiten waren nur Vorwände, um seine Freundin wiederzusehen. Dann hieß es eines Tages, sie übersiedelten nach Wien, und sie fing an, einen Zusammenhang zu vermuten. Wirklich waren sie kaum drei Wochen in Wien,
als sie hörte, K. seien gleichfalls nach Wien übersiedelt. Sie befänden
sich auch gegenwärtig hier und sie träfe den Papa häufig mit Frau K.
auf der Straße. Auch Herrn K. begegne sie öfters, er blickte ihr immer nach, und als er sie einmal alleingehend getroffen, sei er ihr ein
großes Stück weit nachgegangen, um sich zu überzeugen, wohin sie
gehe, ob sie nicht etwa ein Rendezvous habe.

Daß der Papa unaufrichtig sei, einen Zug von Falschheit in seinem
Charakter habe, nur an seine eigene Befriedigung denke und die
Gabe besitze, sich die Dinge so zurechtzulegen, wie es ihm am be-
sten passe, solche Kritik bekam ich besonders in den Tagen zu hö-

---

1 Dies die Anknüpfung für ihre eigene Selbstmordkomödie, die also etwa die
Sehnsucht nach einer ähnlichen Liebe ausdrückt.

ren, als der Vater wieder einmal seinen Zustand verschlimmert fühlte und für mehrere Wochen nach B. abreiste, worauf die scharfsichtige Dora bald ausgekundschaftet hatte, daß auch Frau K. eine Reise nach demselben Ziel zum Besuch ihrer Verwandten unternommen hatte.

Ich konnte die Charakteristik des Vaters im allgemeinen nicht bestreiten, es war auch leicht zu sehen, mit welchem besonderen Vorwurf Dora im Rechte war. Wenn sie in erbitterter Stimmung war, drängte sich ihr die Auffassung auf, daß sie Herrn K. ausgeliefert worden sei als Preis für seine Duldung der Beziehungen zwischen Doras Vater und seiner Frau, und man konnte hinter ihrer Zärtlichkeit für den Vater die Wut über solche Verwendung ahnen. Zu anderen Zeiten wußte sie wohl, daß sie sich mit solchen Reden einer Übertreibung schuldig gemacht hatte. Einen förmlichen Pakt, in dem sie als Tauschobjekt behandelt worden, hatten die beiden Männer natürlich niemals geschlossen; der Vater zumal wäre vor einer solchen Zumutung entsetzt zurückgewichen. Aber er gehörte zu jenen Männern, die einem Konflikt dadurch die Spitze abzubrechen verstehen, daß sie ihr Urteil über das eine der zum Gegensatze gekommenen Themata verfälschen. Auf die Möglichkeit aufmerksam gemacht, daß einem heranwachsenden Mädchen aus dem beständigen und unbeaufsichtigten Verkehr mit dem von seiner Frau unbefriedigten Manne Gefahr erwachsen könne, hätte er sicherlich geantwortet: Auf seine Tochter könne er sich verlassen, der könne ein Mann wie K. nie gefährlich werden, und sein Freund selbst sei solcher Absichten unfähig. Oder: Dora sei noch ein Kind und werde von K. als Kind behandelt. Es war aber in Wirklichkeit so gekommen, daß jeder der beiden Männer es vermied, aus dem Benehmen des andern jene Konsequenz zu ziehen, welche für seine eigenen Begehrungen unbequem war. Herr K. durfte Dora alle Tage seiner Anwesenheit ein Jahr hindurch Blumen schicken, jede Gelegenheit zu kostbaren Geschenken benutzen und alle seine freie Zeit in ihrer Gesellschaft zubringen, ohne daß ihre Eltern in diesem Benehmen den Charakter der Liebeswerbung erkannt hätten.

Wenn in der psychoanalytischen Behandlung eine korrekt begründete und einwandfreie Gedankenreihe auftaucht, so gibt es wohl einen Moment der Verlegenheit für den Arzt, den der Kranke zur

Frage ausnutzt: »Das ist doch wohl alles wahr und richtig? Was wollen Sie daran ändern, wenn ich's Ihnen erzählt habe?« Man merkt dann bald, daß solche für die Analyse unangreifbare Gedanken vom Kranken dazu benutzt worden sind, um andere zu verdecken, die sich der Kritik und dem Bewußtsein entziehen wollen. Eine Reihe von Vorwürfen gegen andere Personen läßt eine Reihe von Selbstvorwürfen des gleichen Inhalts vermuten. Man braucht nur jeden einzelnen Vorwurf auf die eigene Person des Redners zurückzuwenden. Diese Art, sich gegen einen Selbstvorwurf zu verteidigen, indem man den gleichen Vorwurf gegen eine andere Person erhebt, hat etwas unleugbar Automatisches. Sie findet ihr Vorbild in den »Retourkutschen« der Kinder, die unbedenklich zur Antwort geben: »Du bist ein Lügner«, wenn man sie der Lüge beschuldigt hat. Der Erwachsene würde im Bestreben nach Gegenbeschimpfung nach irgendeiner realen Blöße des Gegners ausschauen und nicht den Hauptwert auf die Wiederholung des nämlichen Inhalts legen. In der Paranoia wird die Projektion des Vorwurfes auf einen anderen ohne Inhaltsveränderung und somit ohne Anlehnung an die Realität als wahnbildender Vorgang manifest.

Auch die Vorwürfe Doras gegen ihren Vater waren mit Selbstvorwürfen durchwegs des nämlichen Inhalts »unterfüttert«, »doubliert«, wie wir im einzelnen zeigen werden: Sie hatte recht darin, daß der Vater sich Herrn K.s Benehmen gegen seine Tochter nicht klarmachen wollte, um nicht in seinem Verhältnis zu Frau K. gestört zu werden. Aber sie hatte genau das nämliche getan. Sie hatte sich zur Mitschuldigen dieses Verhältnisses gemacht und alle Anzeichen abgewiesen, welche sich für die wahre Natur desselben ergaben. Erst seit dem Abenteuer am See datierte ihre Klarheit darüber und ihre strengen Anforderungen an den Vater. All die Jahre vorher hatte sie dem Verkehr des Vaters mit Frau K. jeden möglichen Vorschub geleistet. Sie ging nie zu Frau K., wenn sie den Vater dort vermutete. Sie wußte, dann würden die Kinder weggeschickt worden sein, richtete ihren Weg so ein, daß sie die Kinder antraf, und ging mit ihnen spazieren. Es hatte eine Person im Hause gegeben, welche ihr frühzeitig die Augen über die Beziehungen des Vaters zur Frau K. öffnen und sie zur Parteinahme gegen diese Frau anreizen wollte. Dies war ihre letzte Gouvernante, ein älteres, sehr belesenes

Mädchen von freien Ansichten.[1] Lehrerin und Schülerin standen eine Weile recht gut miteinander, bis Dora sich plötzlich mit ihr verfeindete und auf ihrer Entlassung bestand. Solange das Fräulein Einfluß besaß, benutzte sie ihn dazu, gegen Frau K. zu hetzen. Sie setzte der Mama auseinander, daß es mit ihrer Würde unvereinbar sei, solche Intimität ihres Mannes mit einer Fremden zu dulden; sie machte auch Dora auf alles aufmerksam, was an diesem Verkehr auffällig war. Ihre Bemühungen waren aber vergebens, Dora blieb Frau K. zärtlich zugetan und wollte von keinem Anlaß wissen, den Verkehr des Vaters mit ihr anstößig zu finden. Sie gab sich anderseits sehr wohl Rechenschaft über die Motive, die ihre Gouvernante bewegten. Blind nach der einen Seite, war sie scharfsichtig genug nach der anderen. Sie merkte, daß das Fräulein in den Papa verliebt sei. Wenn der Papa anwesend war, schien sie eine ganz andere Person, dann konnte sie amüsant und dienstfertig sein. Zur Zeit, als die Familie in der Fabrikstadt weilte und Frau K. außer dem Horizonte war, hetzte sie gegen die Mama als die jetzt in Betracht kommende Nebenbuhlerin. Das alles nahm ihr Dora noch nicht übel. Erbost wurde sie erst, als sie merkte, daß sie selbst der Gouvernante ganz gleichgültig sei und daß die ihr erwiesene Liebe tatsächlich dem Papa gelte. Während der Abwesenheit des Papas von der Fabrikstadt hatte das Fräulein keine Zeit für sie, wollte nicht mit ihr spazierengehen, interessierte sich nicht für ihre Arbeiten. Kaum daß der Papa von B. zurückgekommen war, zeigte sie sich wieder zu allen Dienst- und Hilfeleistungen bereit. Da ließ sie sie fallen.

Die Arme hatte ihr mit unerwünschter Klarheit ein Stück ihres eigenen Benehmens beleuchtet. So wie das Fräulein zeitweise gegen Dora, so war Dora gegen die Kinder des Herrn K. gewesen. Sie vertrat Mutterstelle an ihnen, unterrichtete sie, ging mit ihnen aus, schuf ihnen einen vollen Ersatz für das geringe Interesse, das die eigene Mutter ihnen zeigte. Zwischen Herrn und Frau K. war oft

---

1 Diese Gouvernante, die alle Bücher über Geschlechtsleben u. dgl. las und mit dem Mädchen darüber sprach, sie aber freimütig bat, alles darauf Bezügliche vor den Eltern geheimzuhalten, weil man ja nicht wissen könne, auf welchen Standpunkt die sich stellen würden – in diesem Mädchen suchte ich eine Zeitlang die Quelle für all die geheime Kenntnis Doras, und ich ging vielleicht nicht völlig irre.

von Scheidung die Rede gewesen; sie kam nicht zustande, weil Herr K., der ein zärtlicher Vater war, auf keines der beiden Kinder verzichten wollte. Das gemeinsame Interesse an den Kindern war von Anfang an ein Bindemittel des Verkehrs zwischen Herrn K. und Dora gewesen. Die Beschäftigung mit den Kindern war für Dora offenbar der Deckmantel, der ihr selbst und Fremden etwas anderes verbergen sollte.

Aus ihrem Benehmen gegen die Kinder, wie es durch das Benehmen des Fräuleins gegen sie selbst erläutert wurde, ergab sich dieselbe Folgerung wie aus ihrer stillschweigenden Einwilligung in den Verkehr des Vaters mit Frau K., nämlich, daß sie all die Jahre über in Herrn K. verliebt gewesen war. Als ich diese Folgerung aussprach, fand ich keine Zustimmung bei ihr. Sie berichtete zwar sofort, daß auch andere Personen, z. B. eine Cousine, die eine Weile in B. auf Besuch war, ihr gesagt hätten: »Du bist ja ganz vernarrt in den Mann«; sie selbst wollte sich aber an diese Gefühle nicht erinnern. Späterhin, als die Fülle des auftauchenden Materials ein Ableugnen erschwerte, gab sie zu, sie könne Herrn K. in B. geliebt haben, aber seit der Szene am See sei das vorüber.[1] Jedenfalls stand es fest, daß der Vorwurf, sich gegen unabweisliche Pflichten taub gemacht und sich die Dinge so zurechtgelegt zu haben, wie es der eigenen verliebten Regung bequem war, der Vorwurf, den sie gegen den Vater erhob, auf ihre eigene Person zurückfiel.[2]

Der andere Vorwurf, daß er seine Krankheiten als Vorwände schaffe und als Mittel benütze, deckt wiederum ein ganzes Stück ihrer eigenen geheimen Geschichte. Sie klagte eines Tages über ein angeblich neues Symptom, schneidende Magenschmerzen, und als ich fragte: »Wen kopieren Sie damit?« hatte ich es getroffen. Sie hatte am Tage vorher ihre Cousinen, die Töchter der verstorbenen Tante, besucht. Die jüngere war Braut geworden, die ältere war zu diesem Anlaß an

---

1 Vgl. den zweiten Traum.
2 Hier erhebt sich die Frage: Wenn Dora Herrn K. geliebt, wie begründet sich ihre Abweisung in der Szene am See oder wenigstens die brutale, auf Erbitterung deutende Form dieser Abweisung? Wie konnte ein verliebtes Mädchen in der – wie wir später hören werden – keineswegs plump oder anstößig vorgebrachten Werbung eine Beleidigung sehen?

Magenschmerzen erkrankt und sollte auf den Semmering gebracht werden. Sie meinte, das sei bei der Älteren nur Neid, die werde immer krank, wenn sie etwas erreichen wolle, und jetzt wolle sie eben vom Hause weg, um das Glück der Schwester nicht mitanzusehen.[1] Ihre eigenen Magenschmerzen sagten aber aus, daß sie sich mit der für eine Simulantin erklärten Cousine identifiziere, sei es, weil sie gleichfalls die Glücklichere um ihre Liebe beneidete oder weil sie im Schicksal der älteren Schwester, der kurz vorher eine Liebesaffäre unglücklich ausgegangen war, das eigene gespiegelt sah.[2] Wie nützlich sich Krankheiten verwenden lassen, hatte sie aber auch durch die Beobachtung der Frau K. erfahren. Herr K. war einen Teil des Jahres auf Reisen; sooft er zurückkam, fand er die Frau leidend, die einen Tag vorher noch, wie Dora wußte, wohlauf gewesen war. Dora verstand, daß die Gegenwart des Mannes krankmachend auf die Frau wirkte und daß dieser das Kranksein willkommen war, um sich den verhaßten ehelichen Pflichten zu entziehen. Eine Bemerkung über ihre eigene Abwechslung von Leiden und Gesundheit während der ersten in B. verbrachten Mädchenjahre, die sich an dieser Stelle plötzlich einfügte, mußte mich auf die Vermutung bringen, daß ihre eigenen Zustände in einer ähnlichen Abhängigkeit wie die der Frau K. zu betrachten seien. In der Technik der Psychoanalyse gilt es nämlich als Regel, daß sich ein innerer, aber noch verborgener Zusammenhang durch die Kontiguität, die zeitliche Nachbarschaft der Einfälle kundtut, genauso wie in der Schrift *a* und *b* nebeneinandergesetzt bedeutet, daß daraus die Silbe *ab* gebildet werden soll. Dora hatte eine Unzahl von Anfällen von Husten mit Stimmlosigkeit gezeigt; sollte die Anwesenheit oder Abwesenheit des Geliebten auf dieses Kommen und Schwinden der Krankheitserscheinungen Einfluß geübt haben? Wenn dies der Fall war, so mußte sich irgendwo eine verräterische Übereinstimmung nachweisen lassen. Ich fragte, welches die mittlere Zeitdauer dieser Anfälle gewesen war. Etwa drei bis sechs Wochen. Wie lange die Abwesenheiten des Herrn K. gedauert hätten? Sie mußte zugeben, gleichfalls

---

1 Ein alltägliches Vorkommnis zwischen Schwestern.
2 Welchen weiteren Schluß ich aus den Magenschmerzen zog, wird später zur Sprache kommen.

zwischen drei und sechs Wochen. Sie demonstrierte also mit ihrem Kranksein ihre Liebe für K. wie dessen Frau ihre Abneigung. Nur durfte man annehmen, daß sie sich umgekehrt wie die Frau benommen hätte, krank gewesen wäre, wenn er abwesend, und gesund, nachdem er zurückgekehrt. Es schien auch wirklich so zu stimmen, wenigstens für eine erste Periode der Anfälle; in späteren Zeiten ergab sich ja wohl eine Nötigung, das Zusammentreffen von Krankheitsanfall und Abwesenheit des heimlich geliebten Mannes zu verwischen, damit das Geheimnis nicht durch die Konstanz desselben verraten würde. Dann blieb die Zeitdauer des Anfalls als Marke seiner ursprünglichen Bedeutung übrig.

Ich erinnerte mich, seinerzeit auf der Charcotschen Klinik gesehen und gehört zu haben, daß bei den Personen mit hysterischem Mutismus das Schreiben vikariierend für das Sprechen eintrat. Sie schrieben geläufiger, rascher und besser als andere und als vorhin. Dasselbe war bei Dora der Fall gewesen. In den ersten Tagen ihrer Aphonie war ihr »das Schreiben immer besonders leicht von der Hand gegangen«. Diese Eigentümlichkeit erforderte als der Ausdruck einer physiologischen Ersatzfunktion, welche sich das Bedürfnis schafft, ja eigentlich keine psychologische Aufklärung; es war aber bemerkenswert, daß eine solche doch leicht zu haben war. Herr K. schrieb ihr reichlich von der Reise, schickte Ansichtskarten; es kam vor, daß sie allein von dem Termine seiner Rückkehr unterrichtet war, die Frau von ihm überrascht wurde. Daß man mit dem Abwesenden, den man nicht sprechen kann, korrespondiert, ist übrigens kaum weniger naheliegend, als daß man sich beim Versagen der Stimme durch die Schrift zu verständigen sucht. Die Aphonie Doras ließ also folgende symbolische Deutung zu: Wenn der Geliebte ferne war, verzichtete sie auf das Sprechen; es hatte seinen Wert verloren, da sie mit *ihm* nicht sprechen konnte. Dafür bekam das Schreiben Bedeutung als das einzige Mittel, sich mit dem Abwesenden in Verkehr zu setzen.

Werde ich nun etwa die Behauptung aufstellen, daß in allen Fällen von periodisch auftretender Aphonie die Diagnose auf die Existenz eines zeitweilig ortsabwesenden Geliebten zu stellen sei? Gewiß ist das nicht meine Absicht. Die Determination des Symptoms im Falle Doras ist allzu spezifiziert, als daß man an eine häufige Wiederkehr der nämlichen akzidentellen Ätiologie denken könnte. Welchen Wert hat aber dann die Aufklärung der Aphonie in unserem Falle? Haben wir uns nicht vielmehr durch ein Spiel des Witzes täuschen lassen? Ich glaube nicht. Man muß sich hierbei an die so häufig gestellte Frage erinnern, ob die Symptome der Hysterie psychischen oder somatischen Ursprunges seien, oder wenn das erstere zugestanden ist, ob sie notwendig alle psychisch bedingt seien. Diese Frage ist, wie so viele andere, an deren Beantwortung man die Forscher immer wieder sich erfolglos bemühen sieht, eine nicht adäquate. Der wirkliche Sachverhalt ist in ihre Alternative nicht eingeschlossen. Soviel ich sehen kann, bedarf jedes hysterische Symptom des Beitrages von beiden Seiten. Es kann nicht zustande kommen ohne ein gewisses *somatisches Entgegenkommen*, welches von einem normalen oder krankhaften Vorgang in oder an einem Organe des Körpers geleistet wird. Es kommt nicht öfter als einmal zustande – und zum Charakter des hysterischen Symptoms gehört die Fähigkeit, sich zu wiederholen –, wenn es nicht eine psychische Bedeutung, einen *Sinn* hat. Diesen Sinn bringt das hysterische Symptom nicht mit, er wird ihm verliehen, gleichsam mit ihm verlötet, und er kann in jedem Falle ein anderer sein, je nach der Beschaffenheit der nach Ausdruck ringenden unterdrückten Gedanken. Allerdings wirkt eine Reihe von Momenten darauf hin, daß die Beziehungen zwischen den unbewußten Gedanken und den ihnen als Ausdrucksmittel zu Gebote stehenden somatischen Vorgängen sich minder willkürlich gestalten und sich mehreren typischen Verknüpfungen annähern. Für die Therapie sind die im akzidentellen psychischen Material gegebenen Bestimmungen die wichtigeren; man löst die Symptome, indem man nach der psychischen Bedeutung derselben forscht. Hat man dann abgeräumt, was durch Psychoanalyse zu beseitigen ist, so kann man sich allerlei, wahrscheinlich zutreffende Gedanken über die somatischen, in der Regel konstitutionell-organischen Grundlagen der Symptome machen. Auch für die Anfälle von Husten und Aphonie bei Dora werden wir uns nicht auf die psychoanalytische Deutung beschränken, sondern hinter derselben das organische Moment nachweisen, von dem das »somatische Entgegenkommen« für den Ausdruck der Neigung zu einem zeitweilig abwesenden Geliebten ausging. Und wenn uns die Verknüpfung zwischen symptomatischem Ausdruck und unbewußtem Gedankeninhalt in diesem Falle als geschickt und kunstvoll gefertigt imponieren sollte, so werden wir gerne hören, daß sie den gleichen Eindruck in jedem anderen Falle, bei jedem anderen Beispiel, zu erzielen vermag.

Ich bin nun darauf vorbereitet zu hören, daß es einen recht mäßigen Gewinn bedeutet, wenn wir also, dank der Psychoanalyse, das Rätsel der Hysterie nicht mehr in der »besonderen Labilität der Nervenmoleküle« oder in der Möglichkeit hypnoider Zustände, sondern im »somatischen Entgegenkommen« suchen sollen.

Gegen diese Bemerkung will ich doch betonen, daß das Rätsel so nicht nur um ein Stück zurückgeschoben, sondern auch um ein Stück verkleinert ist. Es handelt sich nicht mehr um das ganze Rätsel, sondern um jenes Stück desselben, in dem der besondere Charakter der Hysterie *zum Unterschiede* von anderen Psychoneurosen enthalten ist. Die psychischen Vorgänge bei allen Psychoneurosen sind eine ganze Strecke weit die gleichen, dann erst kommt das »somatische Entgegenkommen« in Betracht, welches den unbewußten psychischen Vorgängen einen Ausweg ins Körperliche verschafft. Wo dies Moment nicht zu haben ist, wird aus dem ganzen Zustand etwas anderes als ein hysterisches Symptom, aber doch wieder etwas Verwandtes, eine Phobie etwa oder eine Zwangsidee, kurz ein psychisches Symptom.

Ich kehre zu dem Vorwurf der »Simulation« von Krankheiten zurück, den Dora gegen ihren Vater erhob. Wir merkten bald, daß ihm nicht nur Selbstvorwürfe betreffs früherer Krankheitszustände, sondern auch solche, die die Gegenwart meinten, entsprachen. An dieser Stelle hat der Arzt gewöhnlich die Aufgabe, zu erraten und zu ergänzen, was ihm die Analyse nur in Andeutungen liefert. Ich mußte die Patientin aufmerksam machen, daß ihr jetziges Kranksein geradeso motiviert und tendenziös sei wie das von ihr verstandene der Frau K. Es sei kein Zweifel, daß sie einen Zweck im Auge habe, den sie durch ihre Krankheit zu erreichen hoffe. Dieser aber könne kein anderer sein, als den Vater der Frau K. abwendig zu machen. Durch Bitten und Argumente gelänge ihr dies nicht; vielleicht hoffe sie es zu erreichen, wenn sie den Vater in Schreck versetze (siehe den Abschiedsbrief), sein Mitleid wachrufe (durch die Anfälle von Ohnmacht), und wenn dies alles nichts nütze, so räche sie sich wenigstens an ihm. Sie wisse wohl, wie sehr er an ihr hänge und daß ihm jedesmal die Tränen in die Augen treten, wenn er nach dem Befinden seiner Tochter gefragt werde. Ich sei ganz überzeugt, sie werde sofort gesund sein, wenn ihr Vater erkläre, er bringe ihrer Gesundheit Frau K. zum Opfer. Ich hoffe, er werde sich dazu nicht bewegen lassen, denn dann habe sie erfahren, welches Machtmittel sie in Händen habe, und werde gewiß nicht versäumen, sich ihrer Krankheitsmöglichkeiten jedes künftige Mal wieder zu bedienen. Wenn aber der Vater ihr nicht nachgebe, sei ich ganz gefaßt darauf, daß sie nicht so leicht auf ihr Kranksein verzichten werde.

Ich übergehe die Einzelheiten, aus denen sich ergab, wie vollkommen richtig dies alles war, und ziehe es vor, einige allgemeine Bemerkungen über die Rolle der *Krankheitsmotive* bei der Hysterie anzuschließen. Die Motive zum Kranksein sind begrifflich scharf zu scheiden von den Krankheitsmöglichkeiten, von dem Material, aus dem die Symptome gefertigt werden. Sie haben keinen Anteil an der Symptombildung, sind auch zu Anfang der Krankheit nicht vorhanden; sie treten erst sekundär hinzu, aber erst mit ihrem Auftreten ist die Krankheit voll konstituiert.[1] Man kann auf ihr Vorhandensein in

---

1 (*Zusatz 1923:*) Hier ist nicht alles richtig. Der Satz, daß die Krankheitsmotive zu Anfang der Krankheit nicht vorhanden sind und erst sekundär hinzutreten, ist nicht aufrechtzuhalten. Auf nächster Seite werden denn auch bereits Motive zum Kranksein erwähnt, die vor dem Ausbruch der Krankheit bestehen und an diesem Ausbruch mitschuldig sind. Ich habe später dem Sachverhalt besser Rechnung getragen, indem ich die Unterscheidung zwischen *primärem und sekundärem Krankheitsgewinn* einführte. Das Motiv zum Kranksein ist ja allemal die Absicht eines Gewinnes. Für den sekundären Krankheitsgewinn trifft zu, was in den weiteren Sätzen dieses Abschnittes gesagt ist. Ein primärer Krankheitsgewinn ist aber für jede neurotische Erkrankung anzuerkennen. Das Krankwerden erspart zunächst eine psychische Leistung, ergibt sich als die ökonomisch bequemste Lösung im Falle eines psychischen Konflikts (*Flucht in die Krankheit*), wenngleich sich in den meisten Fällen später die Unzweckmäßigkeit eines solchen Auswages unzweideutig erweist. Dieser Anteil des primären Krankheitsgewinnes kann als der *innere*, psychologische bezeichnet werden; er ist sozusagen konstant. Überdies können äußere Momente, wie die als Beispiel angeführte Lage der von ihrem Manne unterdrückten Frau, Motive zum Krankwerden abgeben und so den *äußerlichen* Anteil des primären Krankheitsgewinnes herstellen.

jedem Falle rechnen, der ein wirkliches Leiden bedeutet und von längerem Bestande ist. Das Symptom ist zuerst dem psychischen Leben ein unwillkommener Gast, es hat alles gegen sich und verschwindet darum auch so leicht von selbst, wie es den Anschein hat, durch den Einfluß der Zeit. Es hat anfangs keine nützliche Verwendung im psychischen Haushalt, aber sehr häufig gelangt es sekundär zu einer solchen; irgendeine psychische Strömung findet es bequem, sich des Symptoms zu bedienen, und damit ist dieses zu einer *Sekundärfunktion* gelangt und im Seelenleben wie verankert. Wer den Kranken gesund machen will, stößt dann zu seinem Erstaunen auf einen großen Widerstand, der ihn belehrt, daß es dem Kranken mit der Absicht, das Leiden aufzugeben, nicht so ganz, so voll ernst ist.[1] Man stelle sich einen Arbeiter, etwa einen Dachdecker vor, der sich zum Krüppel gefallen hat und nun an der Straßenecke bettelnd sein Leben fristet. Man komme nun als Wundertäter und verspreche ihm, das krumme Bein gerade und gehfähig herzustellen. Ich meine, man darf sich nicht auf den Ausdruck besonderer Seligkeit in seiner Miene gefaßt machen. Gewiß fühlte er sich äußerst unglücklich, als er die Verletzung erlitt, merkte, er werde nie wieder arbeiten können und müsse verhungern oder von Almosen leben. Aber seither ist, was ihn zunächst erwerb[s]los machte, seine Einnahmequelle geworden; er lebt von seiner Krüppelhaftigkeit. Nimmt man ihm die, so macht man ihn vielleicht ganz hilflos; er hat sein Handwerk unterdessen vergessen, seine Arbeitsgewohnheiten verloren, hat sich an den Müßiggang, vielleicht auch ans Trinken gewöhnt.

Die Motive zum Kranksein beginnen sich häufig schon in der Kindheit zu regen. Das liebeshungrige Kind, welches die Zärtlichkeit der Eltern ungern mit seinen Geschwistern teilt, bemerkt, daß diese ihm voll wieder zuströmt, wenn die Eltern durch seine Erkrankung in Sorge versetzt werden. Es kennt jetzt ein Mittel, die Liebe der Eltern hervorzulocken, und wird sich dessen bedienen, sobald ihm das psychische Material zu Gebote steht, um Kranksein zu produzieren. Wenn das Kind dann Frau geworden und ganz im Widerspruche zu den Anforderungen seiner Kinderzeit mit einem wenig rück-

---

1 Ein Dichter, der allerdings auch Arzt ist, Arthur Schnitzler, hat dieser Erkenntnis in seinem »Paracelsus« sehr richtigen Ausdruck gegeben.

sichtsvollen Manne verheiratet ist, der ihren Willen unterdrückt, ihre Arbeitskraft schonungslos ausnützt und weder Zärtlichkeit noch Ausgaben an sie wendet, so wird das Kranksein ihre einzige Waffe in der Lebensbehauptung. Es verschafft ihr die ersehnte Schonung, es zwingt den Mann zu Opfern an Geld und Rücksicht, die er der Gesunden nicht gebracht hätte, es nötigt ihn zur vorsichtigen Behandlung im Falle der Genesung, denn sonst ist der Rückfall bereit. Das anscheinend Objektive, Ungewollte des Krankheitszustandes, für das auch der behandelnde Arzt eintreten muß, ermöglicht ihr ohne bewußte Vorwürfe diese zweckmäßige Verwendung eines Mittels, das sie in den Kinderjahren wirksam gefunden hat.

Und doch ist dieses Kranksein Werk der Absicht! Die Krankheitszustände sind in der Regel für eine gewisse Person bestimmt, so daß sie mit deren Entfernung verschwinden. Das roheste und banalste Urteil über das Kranksein der Hysterischen, das man von ungebildeten Angehörigen und von Pflegerinnen hören kann, ist in gewissem Sinne richtig. Es ist wahr, daß die gelähmte Bettlägerige aufspringen würde, wenn im Zimmer Feuer ausbräche, daß die verwöhnte Frau alle Leiden vergessen würde, wenn ein Kind lebensgefährlich erkrankte oder eine Katastrophe die Stellung des Hauses bedrohte. Alle, die so von den Kranken sprechen, haben recht bis auf den einen Punkt, daß sie den psychologischen Unterschied zwischen Bewußtem und Unbewußtem vernachlässigen, was etwa beim Kind noch gestattet ist, beim Erwachsenen aber nicht mehr angeht. Darum können alle diese Versicherungen, daß es nur am Willen liege, und alle Aufmunterungen und Schmähungen der Kranken nichts nützen. Man muß erst versuchen, sie selbst auf dem Umwege der Analyse von der Existenz ihrer Krankheitsabsicht zu überzeugen.

In der Bekämpfung der Krankheitsmotive liegt bei der Hysterie ganz allgemein die Schwäche einer jeden Therapie, auch der psychoanalytischen. Das Schicksal hat es hierin leichter, es braucht weder die Konstitution noch das pathogene Material des Kranken anzugreifen; es nimmt ein Motiv zum Kranksein weg, und der Kranke ist zeitweilig, vielleicht selbst dauernd von der Krankheit befreit. Wieviel weniger Wunderheilungen und spontanes Verschwinden von

Symptomen würden wir Ärzte bei der Hysterie gelten lassen, wenn wir häufiger Einsicht in die uns verheimlichten Lebensinteressen der Kranken bekämen! Hier ist ein Termin abgelaufen, die Rücksicht auf eine zweite Person entfallen, eine Situation hat sich durch äußeres Geschehen gründlich verändert, und das bisher hartnäckige Leiden ist mit einem Schlage behoben, anscheinend spontan, in Wahrheit, weil ihm das stärkste Motiv, eine seiner Verwendungen im Leben, entzogen worden ist.

Motive, die das Kranksein stützen, wird man wahrscheinlich in allen vollentwickelten Fällen antreffen. Aber es gibt Fälle mit rein innerlichen Motiven, wie z. B. Selbstbestrafung, also Reue und Buße. Man wird dann die therapeutische Aufgabe leichter lösbar finden, als wo die Krankheit in Beziehung zu der Erreichung eines äußeren Zieles gesetzt ist. Das Ziel war für Dora offenbar, den Vater zu erweichen und ihn der Frau K. abwendig zu machen.

Keine seiner Handlungen schien sie übrigens so erbittert zu haben wie seine Bereitwilligkeit, die Szene am See für ein Produkt ihrer Phantasie zu halten. Sie geriet außer sich, wenn sie daran dachte, sie sollte sich damals etwas eingebildet haben. Ich war lange Zeit in Verlegenheit zu erraten, welcher Selbstvorwurf sich hinter der leidenschaftlichen Abweisung dieser Erklärung verberge. Man war im Rechte, etwas Verborgenes dahinter zu vermuten, denn ein Vorwurf, der nicht zutrifft, der beleidigt auch nicht nachhaltig. Anderseits kam ich zum Schlusse, daß die Erzählung Doras durchaus der Wahrheit entsprechen müsse. Nachdem sie nur Herrn K.s Absicht verstanden, hatte sie ihn nicht ausreden lassen, hatte ihm einen Schlag ins Gesicht versetzt und war davongeeilt. Ihr Benehmen erschien dem zurückbleibenden Manne damals wohl ebenso unverständlich wie uns, denn er mußte längst aus unzähligen kleinen Anzeichen geschlossen haben, daß er der Neigung des Mädchens sicher sei. In der Diskussion über den zweiten Traum werden wir dann sowohl der Lösung dieses Rätsels als auch dem zunächst gesuchten Selbstvorwurf begegnen.

Als die Anklagen gegen den Vater mit ermüdender Monotonie wiederkehrten und der Husten dabei fortbestand, mußte ich daran denken, daß dies Symptom eine Bedeutung haben könne, die sich auf den Vater beziehe. Die Anforderungen, die ich an eine Symptomerklärung zu stellen gewohnt bin, waren ohnedies lange nicht erfüllt. Nach einer Regel, die ich immer wieder bestätigt gefunden, aber allgemein aufzustellen noch nicht den Mut hatte, bedeutet ein Symptom die Darstellung – Realisierung – einer Phantasie mit sexuellem Inhalt, also eine sexuelle Situation. Ich würde besser sagen, wenigstens *eine* der Bedeutungen eines Symptoms entspricht der Darstellung einer sexuellen Phantasie, während für die anderen Bedeutungen solche Inhaltsbeschränkung nicht besteht. Daß ein Symptom mehr als eine Bedeutung hat, gleichzeitig mehreren unbewußten Gedankengängen zur Darstellung dient, erfährt man nämlich sehr bald, wenn man sich in die psychoanalytische Arbeit einläßt. Ich möchte noch hinzufügen, daß nach meiner Schätzung ein einziger unbewußter Gedankengang oder Phantasie kaum jemals zur Erzeugung eines Symptoms hinreichen wird.

Die Gelegenheit, dem nervösen Husten eine solche Deutung durch eine phantasierte sexuelle Situation zuzuweisen, ergab sich sehr bald. Als sie wieder einmal betonte, Frau K. liebe den Papa nur, weil er ein *vermögender* Mann sei, merkte ich aus gewissen Nebenumständen ihres Ausdrucks, die ich hier wie das meiste rein Technische der Analysenarbeit übergehe, daß sich hinter dem Satze sein Gegenteil verberge: Der Vater sei ein *unvermögender* Mann. Dies konnte nur sexuell gemeint sein, also: Der Vater sei als Mann unvermögend, impotent. Nachdem sie diese Deutung aus bewußter Kenntnis bestätigt, hielt ich ihr vor, in welchen Widerspruch sie verfalle, wenn sie einerseits daran festhalte, das Verhältnis mit Frau K. sei ein gewöhnliches Liebesverhältnis, und anderseits behaupte, der Vater sei impotent, also unfähig, ein solches Verhältnis auszunützen. Ihre Antwort zeigte, daß sie den Widerspruch nicht anzuerkennen brauchte. Es sei ihr wohl bekannt, sagte sie, daß es mehr als eine Art der sexuellen Befriedigung gebe. Die Quelle dieser Kenntnis war ihr allerdings wieder unauffindbar. Als ich weiter fragte, ob sie die Inanspruchnahme anderer Organe als der Genitalien für den sexuellen Verkehr meine, bejahte sie, und ich konnte fortsetzen: dann denke sie gerade an jene Körperteile, die sich bei ihr in gereiztem Zustande befänden (Hals, Mundhöhle). Soweit wollte sie freilich von ihren Gedanken nichts wissen, aber sie durfte es sich auch gar nicht völlig klargemacht haben, wenn das Symptom ermöglicht sein sollte. Die Ergänzung war doch unabweisbar, daß sie sich mit ihrem stoßweise erfolgenden Husten, der wie gewöhnlich einen Kitzel im Halse als Reizanlaß angab, eine Situation von sexueller Befriedigung *per os* zwischen den zwei Personen vorstellte, deren Liebesbeziehung sie unausgesetzt beschäftigte. Daß die kürzeste Zeit nach dieser stillschweigend hingenommenen Aufklärung der Husten verschwunden war, stimmte natürlich recht gut; wir wollten aber nicht zu viel Wert auf diese Veränderung legen, weil sie ja schon so oft spontan eingetreten war.

Wenn dieses Stückchen der Analyse bei dem ärztlichen Leser, außer dem Unglauben, der ihm ja freisteht, Befremden und Grauen erregt haben sollte, so bin ich bereit, diese beiden Reaktionen an dieser Stelle auf ihre Berechtigung zu prüfen. Das Befremden denke ich mir motiviert durch mein Wagnis, mit einem jungen Mädchen – oder überhaupt einem Weib im Alter der Geschlechtlichkeit – von so heikeln und so abscheulichen Dingen zu reden. Das Grauen gilt wohl der Möglichkeit, daß ein unberührtes Mädchen von derlei Praktiken wissen und seine Phantasie mit ihnen beschäftigen könnte. In beiden Punkten würde ich zur Mäßigung und Besonnenheit raten. Es liegt weder hier noch dort ein Grund zur Entrüstung vor. Man kann mit Mädchen und Frauen von allen sexuellen Dingen sprechen, ohne ihnen zu schaden und ohne sich in Verdacht zu bringen, wenn man erstens eine gewisse Art, es zu tun, annimmt, und zweitens, wenn man bei ihnen die Überzeugung erwecken kann, daß es unvermeidlich ist. Unter denselben Bedingungen erlaubt sich ja auch der Gynäkologe, sie allen möglichen Entblößungen zu unterziehen. Die beste Art, von den Dingen zu reden, ist die trockene und direkte; sie ist gleichzeitig von der Lüsternheit, mit welcher die nämlichen Themata in der »Gesellschaft« behandelt werden und an die Mädchen wie Frauen sehr wohl gewöhnt sind, am weitesten entfernt. Ich gebe Organen wie Vorgängen ihre technischen Namen und teile dieselben mit, wo sie – die Namen – etwa unbekannt sind. *»J'appelle un chat un chat.«* Ich habe wohl von ärztlichen und nichtärztlichen Personen gehört, welche sich über eine Therapie skandalisieren, in der solche Besprechungen vorkommen, und die entweder mich oder die Patienten um den Kitzel zu beneiden scheinen, der sich nach ihrer Erwartung dabei einstellt. Aber ich kenne doch die Wohlanständigkeit dieser Herren zu genau, um mich über sie zu erregen. Ich werde der Versuchung, eine Satire zu schreiben, aus dem Wege gehen. Nur das eine will ich erwähnen, daß ich häufig die Genugtuung erfahre, von einer Patientin, der die Offenheit in sexuellen Dingen anfänglich nicht leicht geworden, späterhin den Ausruf zu hören: »Nein, Ihre Kur ist doch um vieles anständiger als die Gespräche des Herrn X!«

Von der Unvermeidlichkeit der Berührung sexueller Themata muß man überzeugt sein, ehe man eine Hysteriebehandlung unternimmt, oder muß bereit sein, sich durch Erfahrungen überzeugen zu lassen. Man sagt sich dann: *pour faire une omelette il faut casser des œufs.* Die Patienten selbst sind leicht zu überzeugen; der Gelegenheiten dazu gibt es im Laufe der Behandlung allzu viele. Man braucht sich keinen Vorwurf daraus zu machen, daß man Tatsachen des normalen oder abnormen Sexuallebens mit ihnen bespricht. Wenn man einigermaßen vorsichtig ist, übersetzt man ihnen bloß ins Bewußte, was sie im Unbewußten schon wissen, und die ganze Wirkung der Kur ruht ja auf der Einsicht, daß die Affektwirkungen einer unbewußten Idee stärker und, weil unhemmbar, schädlicher sind als die einer bewußten. Man läuft niemals Gefahr, ein unerfahrenes Mädchen zu verderben; wo auch im Unbewußten keine Kenntnis sexueller Vorgänge besteht, da kommt auch kein hysterisches Symptom zustande. Wo man Hysterie findet, kann von »Gedankenunschuld« im Sinne der Eltern und Erzieher keine Rede mehr sein. Bei 10-, 12- und 14jährigen Kindern, Knaben wie Mädchen, habe ich mich von der ausnahmslosen Verläßlichkeit dieses Satzes überzeugt.

Was die zweite Gefühlsreaktion betrifft, die sich nicht mehr gegen mich, sondern gegen die Patientin, im Falle, daß ich recht haben sollte, richtet und den perversen Charakter von deren Phantasien grauenhaft findet, so möchte ich betonen, daß solche Leidenschaftlichkeit im Verurteilen dem Arzte nicht ansteht. Ich finde es auch unter anderem überflüssig, daß ein Arzt, der über die Verirrungen der sexuellen Triebe schreibt, jede Gelegenheit benutze, um in den Text den Ausdruck seines persönlichen Abscheus vor so widrigen

Dingen einzuschalten. Hier liegt eine Tatsache vor, an die wir uns, mit Unterdrückung unserer Geschmacksrichtungen, hoffentlich gewöhnen werden. Was wir die sexuellen Perversionen heißen, die Überschreitungen der Sexualfunktion nach Körpergebiet und Sexualobjekt, davon muß man ohne Entrüstung reden können. Schon die Unbestimmtheit der Grenzen für das normal zu nennende Sexualleben bei verschiedenen Rassen und in verschiedenen Zeitepochen sollte die Eiferer abkühlen. Wir dürfen doch nicht vergessen, daß die uns widrigste dieser Perversionen, die sinnliche Liebe des Mannes für den Mann, bei einem uns so sehr kulturüberlegenen Volke wie den Griechen nicht nur geduldet, sondern selbst mit wichtigen sozialen Funktionen betraut war. Ein Stückchen weit, bald hier, bald dort, überschreitet jeder von uns die fürs Normale gezogenen engen Grenzen in seinem eigenen Sexualleben. Die Perversionen sind weder Bestialitäten noch Entartungen im pathetischen Sinne des Wortes. Es sind Entwicklungen von Keimen, die sämtlich in der indifferenzierten sexuellen Anlage des Kindes enthalten sind, deren Unterdrückung oder Wendung auf höhere, asexuelle Ziele – deren *Sublimierung* – die Kräfte für eine gute Anzahl unserer Kulturleistungen abzugeben bestimmt ist. Wo also jemand grob und manifest pervers *geworden* ist, da kann man richtiger sagen, er sei es *geblieben*, er stellt ein Stadium einer *Entwicklungshemmung* dar. Die Psychoneurotiker sind sämtlich Personen mit stark ausgebildeten, aber im Laufe der Entwicklung verdrängt und unbewußt gewordenen perversen Neigungen. Ihre unbewußten Phantasien weisen daher genau den nämlichen Inhalt auf wie die aktenmäßig festgestellten Handlungen der Perversen, auch wenn sie die »Psychopathia sexualis« von v. Krafft-Ebing, der naive Menschen soviel Mitschuld an der Entstehung perverser Neigungen zumessen, nicht gelesen haben. Die Psychoneurosen sind sozusagen das *Negativ* der Perversionen. Die sexuelle Konstitution, in welcher der Ausdruck der Heredität mitenthalten ist, wirkt bei den Neurotikern zusammen mit akzidentellen Lebenseinflüssen, welche die Entfaltung der normalen Sexualität stören. Die Gewässer, die in dem einen Strombett ein Hindernis finden, werden in ältere, zum Verlassen bestimmte Stromläufe zurückgestaut. Die Triebkräfte für die Bildung hysterischer Symptome werden nicht nur von der verdrängten normalen Sexualität, sondern auch von den unbewußten perversen Regungen beigestellt.[1]

Die minder abstoßenden unter den sogenannten sexuellen Perversionen erfreuen sich der größten Verbreitung unter unserer Bevölkerung, wie jedermann mit Ausnahme des ärztlichen Autors über diese Gegenstände weiß. Oder vielmehr der Autor weiß es auch; er bemüht sich nur, es zu vergessen in dem Moment, da er die Feder zur Hand nimmt, um darüber zu schreiben. Es ist also nicht wunderbar, wenn unsere bald 19jährige Hysterika, die von dem Vorkommen eines solchen Sexualverkehrs (des Saugens am Gliede) gehört hat, eine solche unbewußte Phantasie entwickelt und durch die Sensation von Reiz im Halse und durch Husten zum Ausdruck bringt. Es wäre auch nicht wunderbar, wenn sie ohne äußere Aufklärung zu solcher Phantasie gekommen wäre, wie ich es bei anderen Patientinnen mit Sicherheit festgestellt habe. Die somatische Vorbedingung für solche selbständige Schöpfung einer Phantasie, die sich dann mit dem Tun der Perversen deckt, war nämlich bei ihr durch eine beachtenswerte Tatsache gegeben. Sie erinnerte sich sehr wohl, daß sie in ihren Kinderjahren eine »*Lutscherin*« gewesen war. Auch der Vater erinnerte sich, daß er es ihr abgewöhnt hatte, als es sich bis ins vierte oder fünfte Lebensjahr fortsetzte. Dora selbst hatte ein Bild aus ihren Kleinkinderjahren in klarem Gedächtnis, wie sie in einem Winkel auf dem Boden saß, an ihrem linken Daumen lutschend, während sie dabei mit der rechten Hand am ruhig dasitzenden Bruder am Ohrläppchen zupfte. Es ist dies die vollständige Art der Selbstbefriedigung durch Lutschen, die mir auch andere – später anästhetische und hysterische – Patienten berichtet haben. Von einer derselben habe ich eine Angabe erhalten, die ein helles Licht auf die Herkunft dieser sonderbaren Gewohnheit wirft. Die junge Frau, die sich das Lutschen überhaupt nie abgewöhnt

---

1 Diese Sätze über sexuelle Perversionen sind mehrere Jahre vor dem ausgezeichneten Buche von I. Bloch (Beiträge zur Ätiologie der Psychopathia sexualis, 1902 und 1903) niedergeschrieben worden. Vgl. auch meine in diesem Jahre (1905) erschienenen »Drei Abhandlungen zur Sexualtheorie«. (5. Aufl. 1922. Enthalten in Bd. V dieser Gesamtausgabe [der *Gesammelten Werke*].)

hatte, sah sich in einer Kindererinnerung, angeblich aus der ersten Hälfte des zweiten Lebensjahres, an der Ammenbrust trinken und dabei die Amme rhythmisch am Ohrläppchen ziehen. Ich meine, es wird niemand bestreiten wollen, daß die Lippen- und Mundschleimhaut für eine primäre *erogene Zone* erklärt werden darf, da sie einen Teil dieser Bedeutung noch für den Kuß, der als normal gilt, beibehalten hat. Die frühzeitige ausgiebige Betätigung dieser erogenen Zone ist also die Bedingung für das spätere somatische Entgegenkommen von seiten des mit den Lippen beginnenden Schleimhauttraktes. Wenn dann zu einer Zeit, wo das eigentliche Sexualobjekt, das männliche Glied, schon bekannt ist, sich Verhältnisse ergeben, welche die Erregung der erhalten gebliebenen erogenen Mundzone wieder steigern, so gehört kein großer Aufwand von schöpferischer Kraft dazu, um anstelle der ursprünglichen Brustwarze und des für sie vikariierenden Fingers das aktuelle Sexualobjekt, den Penis, in die Befriedigungssituation einzusetzen. So hat diese überaus anstößige perverse Phantasie vom Saugen am Penis den harmlosesten Ursprung; sie ist die Umarbeitung eines prähistorisch zu nennenden Eindruckes vom Saugen an der Mutter- oder Ammenbrust, der gewöhnlich durch den Umgang mit gesäugten Kindern wiederbelebt worden ist. Meist hat dabei das Euter der Kuh als passende Mittelvorstellung zwischen Brustwarze und Penis Dienste geleistet.

Die eben besprochene Deutung der Halssymptome Doras kann auch noch zu einer anderen Bemerkung Anlaß geben. Man kann fragen, wie sich diese phantasierte sexuelle Situation mit der anderen Erklärung verträgt, daß das Kommen und Gehen der Krankheitserscheinungen die Anwesenheit und Abwesenheit des geliebten Mannes nachahmt, also mit Einbeziehung des Benehmens der Frau den Gedanken ausdrückt: Wenn ich seine Frau wäre, würde ich ihn ganz anders lieben, krank sein (vor Sehnsucht etwa), wenn er verreist, und gesund (vor Seligkeit), wenn er wieder zu Hause ist. Darauf muß ich nach meinen Erfahrungen in der Lösung hysterischer Symptome antworten: es ist nicht notwendig, daß sich die verschiedenen Bedeutungen eines Symptoms miteinander vertragen, d. h. zu einem Zusammenhange ergänzen. Es genügt, wenn der Zusammenhang durch das Thema hergestellt ist, welches all den verschiedenen

Phantasien den Ursprung gegeben hat. In unserem Falle ist solche Verträglichkeit übrigens nicht ausgeschlossen; die eine Bedeutung haftet mehr am Husten, die andere an der Aphonie und an dem Verlauf der Zustände; eine feinere Analyse hätte wahrscheinlich eine viel weitergehende Vergeistigung der Krankheitsdetails erkennen lassen. Wir haben bereits erfahren, daß ein Symptom ganz regelmäßig mehreren Bedeutungen *gleichzeitig* entspricht; fügen wir nun hinzu, daß es auch mehreren Bedeutungen *nacheinander* Ausdruck geben kann. Das Symptom kann eine seiner Bedeutungen oder seine Hauptbedeutung im Laufe der Jahre ändern, oder die leitende Rolle kann von einer Bedeutung auf eine andere übergehen. Es ist wie ein konservativer Zug im Charakter der Neurose, daß das einmal gebildete Symptom womöglich erhalten wird, mag auch der unbewußte Gedanke, der in ihm seinen Ausdruck fand, seine Bedeutung eingebüßt haben. Es ist aber auch leicht, diese Tendenz zur Erhaltung des Symptoms mechanisch zu erklären; die Herstellung eines solchen Symptoms ist so schwierig, die Übertragung der rein psychischen Erregung ins Körperliche, was ich *Konversion* genannt habe, an so viel begünstigende Bedingungen gebunden, ein somatisches Entgegenkommen, wie man es zur Konversion bedarf, ist so wenig leicht zu haben, daß der Drang zur Abfuhr der Erregung aus dem Unbewußten dazu führt, sich womöglich mit dem bereits gangbaren Abfuhrweg zu begnügen. Viel leichter als die Schöpfung einer neuen Konversion scheint die Herstellung von Assoziationsbeziehungen zwischen einem neuen abfuhrbedürftigen Gedanken und dem alten, der diese Bedürftigkeit verloren hat. Auf dem so gebahnten Wege strömt die Erregung aus der neuen Erregungsquelle zur früheren Ausfuhrstelle hin, und das Symptom gleicht, wie das Evangelium es ausdrückt, einem alten Schlauch, der mit neuem Wein gefüllt ist. Erscheint nach diesen Erörterungen auch der somatische Anteil des hysterischen Symptoms als das beständigere, schwerer ersetzbare, der psychische als das veränderliche, leichter zu vertretende Element, so möge man doch aus diesem Verhältnis keine Rangordnung zwischen den beiden ableiten wollen. Für die psychische Therapie ist allemal der psychische Anteil der bedeutsamere.

Die unablässige Wiederholung derselben Gedanken über das Verhältnis ihres Vaters zu Frau K. bot der Analyse bei Dora die Gelegenheit zu noch anderer wichtiger Ausbeute.

Ein solcher Gedankenzug darf ein überstarker, besser ein *verstärkter, überwertiger* im Sinne Wernickes, genannt werden. Er erweist sich als krankhaft, trotz seines anscheinend korrekten Inhalts, durch die eine Eigentümlichkeit, daß er trotz aller bewußten und willkürlichen Denkbemühungen der Person nicht zersetzt und nicht beseitigt werden kann. Mit einem normalen, noch so intensiven Gedankenzuge wird man endlich fertig. Dora fühlte ganz richtig, daß ihre Gedanken über den Papa eine besondere Beurteilung herausforderten. »Ich kann an nichts anderes denken«, klagte sie wiederholt. »Mein Bruder sagt mir wohl, wir Kinder haben kein Recht, diese Handlungen des Papas zu kritisieren. Wir sollen uns darum nicht kümmern und uns vielleicht sogar freuen, daß er eine Frau gefunden hat, an die er sein Herz hängen kann, da ihn die Mama doch so wenig versteht. Ich sehe das ein und möchte auch so denken wie mein Bruder, aber ich kann nicht. Ich kann es ihm nicht verzeihen.«[1]

Was tut man nun angesichts eines solchen überwertigen Gedankens, nachdem man dessen bewußte Begründung sowie die erfolglosen Einwendungen gegen ihn mitangehört hat? Man sagt sich, *daß dieser überstarke Gedankenzug seine Verstärkung dem Unbewußten verdankt.* Er ist unauflösbar für die Denkarbeit, entweder weil er selbst mit seiner Wurzel bis ins unbewußte, verdrängte Material reicht oder weil sich ein anderer unbewußter Gedanke hinter ihm verbirgt. Letzterer ist dann meist sein direkter Gegensatz. Gegensätze sind immer eng miteinander verknüpft und häufig so gepaart, *daß der eine Gedanke überstark bewußt, sein Widerpart aber verdrängt und unbewußt ist.* Dieses Verhältnis ist ein Erfolg des Verdrängungsvorganges. Die Verdrängung nämlich ist häufig in der Weise bewerkstelligt worden, daß der Gegensatz des zu verdrängenden Gedankens übermäßig verstärkt wurde. Ich heiße diese *Reaktions*verstärkung, und den einen Gedanken, der sich im Bewußten überstark behauptet und nach Art eines Vorurteils unzersetzbar

---

1 Ein solcher überwertiger Gedanke ist nebst tiefer Verstimmung oft das einzige Symptom eines Krankheitszustandes, der gewöhnlich »Melancholie« genannt wird, sich aber durch Psychoanalyse lösen läßt wie eine Hysterie.

zeigt, den *Reaktionsgedanken*. Die beiden Gedanken verhalten sich dann zueinander ungefähr wie die beiden Nadeln eines astatischen Nadelpaares. Mit einem gewissen Überschusse an Intensität hält der Reaktionsgedanke den anstößigen in der Verdrängung zurück; er ist aber dadurch selbst »gedämpft« und gegen die bewußte Denkarbeit gefeit. Das Bewußtmachen des verdrängten Gegensatzes ist dann der Weg, um dem überstarken Gedanken seine Verstärkung zu entziehen.

Man darf aus seinen Erwartungen auch den Fall nicht ausschließen, daß nicht eine der beiden Begründungen der Überwertigkeit, sondern eine Konkurrenz von beiden vorliegt. Es können auch noch andere Komplikationen vorkommen, die sich aber leicht einfügen lassen.

Versuchen wir es bei dem Beispiele, das uns Dora bietet, zunächst mit der ersten Annahme, daß die Wurzel ihrer zwangsartigen Bekümmerung um das Verhältnis des Vaters zu Frau K. ihr selbst unbekannt sei, weil sie im Unbewußten liege. Es ist nicht schwierig, diese Wurzel aus den Verhältnissen und Erscheinungen zu erraten. Ihr Benehmen ging offenbar weit über die Anteilsphäre der Tochter hinaus, sie fühlte und handelte vielmehr wie eine eifersüchtige Frau, wie man es bei ihrer Mutter begreiflich gefunden hätte. Mit ihrer Forderung: »Sie oder ich«, den Szenen, die sie aufführte, und der Selbstmorddrohung, die sie durchblicken ließ, setzte sie sich offenbar an die Stelle der Mutter. Wenn die ihrem Husten zugrunde liegende Phantasie einer sexuellen Situation richtig erraten ist, so trat sie in derselben an die Stelle der Frau K. Sie identifizierte sich also mit den beiden, jetzt und früher vom Vater geliebten Frauen. Der Schluß liegt nahe, daß ihre Neigung in höherem Maße dem Vater zugewendet war, als sie wußte oder gern zugegeben hätte, daß sie in den Vater verliebt war.

Solche unbewußte, an ihren abnormen Konsequenzen kenntliche Liebesbeziehungen zwischen Vater und Tochter, Mutter und Sohn habe ich als Auffrischung infantiler Empfindungskeime auffassen gelernt. Ich habe an anderer Stelle[1] ausgeführt, wie frühzeitig die

---

1 In der »Traumdeutung«, S. 178 (8. Aufl., S. 180) [*Gesammelte Werke*, Bd. 2/3, S. 264 f.], und in der dritten der »Abhandlungen zur Sexualtheorie« (5. Aufl., 1922).

sexuelle Attraktion sich zwischen Eltern und Kindern geltend macht, und gezeigt, daß die Ödipusfabel wahrscheinlich als die dichterische Bearbeitung des Typischen an diesen Beziehungen zu verstehen ist. Diese frühzeitige Neigung der Tochter zum Vater, des Sohnes zur Mutter, von der sich wahrscheinlich bei den meisten Menschen eine deutliche Spur findet, muß bei den konstitutionell zur Neurose bestimmten, frühreifen und nach Liebe hungrigen Kindern schon anfänglich intensiver angenommen werden. Es kommen dann gewisse hier nicht zu besprechende Einflüsse zur Geltung, welche die rudimentäre Liebesregung fixieren oder so verstärken, daß noch in den Kinderjahren oder erst zur Zeit der Pubertät etwas aus ihr wird, was einer sexuellen Neigung gleichzustellen ist und was, wie diese, die Libido für sich in Anspruch nimmt.[1] Die äußeren Verhältnisse bei unserer Patientin sind einer solchen Annahme nicht gerade ungünstig. Ihre Anlage hatte sie immer zum Vater hingezogen, seine vielen Erkrankungen mußten ihre Zärtlichkeit für ihn steigern; in manchen Krankheiten wurde niemand anders als sie von ihm zu den kleinen Leistungen der Krankenpflege zugelassen; stolz auf ihre frühzeitig entwickelte Intelligenz hatte er sie schon als Kind zur Vertrauten herangezogen. Durch das Auftreten von Frau K. war wirklich nicht die Mutter, sondern sie aus mehr als einer Stellung verdrängt worden.

Als ich Dora mitteilte, ich müßte annehmen, daß ihre Neigung zum Vater schon frühzeitig den Charakter voller Verliebtheit besessen habe, gab sie zwar ihre gewöhnliche Antwort: »Ich erinnere mich nicht daran«, berichtete aber sofort etwas Analoges von ihrer 7jährigen Cousine (von Mutterseite), in der sie häufig [so etwas] wie eine Spiegelung ihrer eigenen Kindheit zu sehen meinte. Die Kleine war wieder einmal Zeugin einer erregten Auseinandersetzung zwischen den Eltern gewesen und hatte Dora, die darauf zu Besuch kam, ins Ohr geflüstert: »Du kannst dir nicht denken, wie ich diese Person (auf die Mutter deutend) hasse! Und wenn sie einmal stirbt, heirate ich den Papa.« Ich bin gewohnt, in solchen Einfällen, die etwas zum

---

1 Das hiefür entscheidende Moment ist wohl das frühzeitige Auftreten echter Genitalsensationen, sei es spontaner oder durch Verführung und Masturbation hervorgerufener. (Siehe unten.)

Inhalte meiner Behauptung Stimmendes vorbringen, eine Bestätigung aus dem Unbewußten zu sehen. Ein anderes »Ja« läßt sich aus dem Unbewußten nicht vernehmen; ein unbewußtes »Nein« gibt es überhaupt nicht.[1]

Diese Verliebtheit in den Vater hatte sich Jahre hindurch nicht geäußert; vielmehr war sie mit derselben Frau, die sie beim Vater verdrängt hatte, eine lange Zeit im herzlichsten Einvernehmen gestanden und hatte deren Verhältnis mit dem Vater, wie wir aus ihren Selbstvorwürfen wissen, noch begünstigt. Diese Liebe war also neuerdings aufgefrischt worden, und wenn dies der Fall war, dürfen wir fragen, zu welchem Zwecke es geschah. Offenbar als Reaktionssymptom, um etwas anderes zu unterdrücken, was also im Unbewußten noch mächtig war. Wie die Dinge lagen, mußte ich in erster Linie daran denken, daß die Liebe zu Herrn K. dieses Unterdrückte sei. Ich mußte annehmen, ihre Verliebtheit dauere noch fort, habe aber seit der Szene am See – aus unbekannten Motiven – ein heftiges Sträuben gegen sich, und das Mädchen habe die alte Neigung zum Vater hervorgeholt und verstärkt, um von der ihr peinlich gewordenen Liebe ihrer ersten Mädchenjahre in ihrem Bewußtsein nichts mehr merken zu müssen. Dann bekam ich auch Einsicht in einen Konflikt, der geeignet war, das Seelenleben des Mädchens zu zerrütten. Sie war wohl einerseits voll Bedauern, den Antrag des Mannes zurückgewiesen zu haben, voll Sehnsucht nach seiner Person und den kleinen Zeichen seiner Zärtlichkeit; anderseits sträubten sich mächtige Motive, unter denen ihr Stolz leicht zu erraten war, gegen diese zärtlichen und sehnsüchtigen Regungen. So war sie dazu gekommen, sich einzureden, sie sei mit der Person des Herrn K. fertig – dies war ihr Gewinn bei diesem typischen Verdrängungsvorgange –, und doch mußte sie zum Schutze gegen die beständig zum Bewußtsein andrängende Verliebtheit die infantile Neigung zum Vater anrufen und übertreiben. Daß sie dann fast unausgesetzt von

---

1 (*Zusatz 1923:*) Eine andere, sehr merkwürdige und durchaus zuverlässige Form der Bestätigung aus dem Unbewußten, die ich damals noch nicht kannte, ist der Ausruf des Patienten: »Das habe ich nicht gedacht« oder »daran habe ich nicht gedacht«. Diese Äußerung kann man geradezu übersetzen: Ja, das war mir unbewußt.

eifersüchtiger Erbitterung beherrscht war, schien noch einer weiteren Determinierung fähig.[1]

Es widersprach keineswegs meiner Erwartung, daß ich mit dieser Darlegung bei Dora den entschiedensten Widerspruch hervorrief. Das »Nein«, das man vom Patienten hört, nachdem man seiner bewußten Wahrnehmung zuerst den verdrängten Gedanken vorgelegt hat, konstatiert bloß die Verdrängung und deren Entschiedenheit, mißt gleichsam die Stärke derselben. Wenn man dieses Nein nicht als den Ausdruck eines unparteiischen Urteils, dessen der Kranke ja nicht fähig ist, auffaßt, sondern darüber hinweggeht und die Arbeit fortsetzt, so stellen sich bald die ersten Beweise ein, daß Nein in solchem Falle das gewünschte Ja bedeutet. Sie gab zu, daß sie Herrn K. nicht in dem Maße böse sein könne, wie er es um sie verdient habe. Sie erzählte, daß sie eines Tages auf der Straße Herrn K. begegnet sei, während sie in Begleitung einer Cousine war, die ihn nicht kannte. Die Cousine rief plötzlich: »Dora, was ist dir denn? Du bist ja totenbleich geworden!« Sie hatte nichts von dieser Veränderung an sich gefühlt, mußte aber von mir hören, daß Mienenspiel und Affektausdruck eher dem Unbewußten gehorchen als dem Bewußten und für das erstere verräterisch seien.[2] Ein andermal kam sie nach mehreren Tagen gleichmäßig heiterer Stimmung in der bösesten Laune zu mir, für die sie eine Erklärung nicht wußte. Sie sei heute so zuwider, erklärte sie; es sei der Geburtstag des Onkels und sie bringe es nicht über sich, ihm zu gratulieren; sie wisse nicht, warum. Meine Deutungskunst war an dem Tage stumpf; ich ließ sie weitersprechen, und sie erinnerte sich plötzlich, daß heute ja auch Herr K. Geburtstag habe, was ich nicht versäumte, gegen sie zu verwerten. Es war dann auch nicht schwer zu erklären, warum die reichen Geschenke zu ihrem eigenen Geburtstage einige Tage vorher ihr keine Freude bereitet hatten. Es fehlte das eine Geschenk, das von Herrn K., welches ihr offenbar früher das wertvollste gewesen war.

Indes hielt sie noch längere Zeit an ihrem Widerspruche gegen

---

1 Welcher wir auch [sogleich] begegnen werden.
2 Vgl.: »Ruhig kann [richtig: mag] ich Euch erscheinen,
   Ruhig gehen sehn.«

meine Behauptung fest, bis gegen Ende der Analyse der entscheidende Beweis für deren Richtigkeit geliefert wurde.

Ich muß nun einer weiteren Komplikation gedenken, der ich gewiß keinen Raum gönnen würde, sollte ich als Dichter einen derartigen Seelenzustand für eine Novelle erfinden, anstatt ihn als Arzt zu zergliedern. Das Element, auf das ich jetzt hinweisen werde, kann den schönen, poesiegerechten Konflikt, den wir bei Dora annehmen dürfen, nur trüben und verwischen; es fiele mit Recht der Zensur des Dichters, der ja auch vereinfacht und abstrahiert, wo er als Psychologe auftritt, zum Opfer. In der Wirklichkeit aber, die ich hier zu schildern bemüht bin, ist die Komplikation der Motive, die Häufung und Zusammensetzung seelischer Regungen, kurz die Überdeterminierung Regel. Hinter dem überwertigen Gedankenzug, der sich mit dem Verhältnis des Vaters zu Frau K. beschäftigte, versteckte sich nämlich auch eine Eifersuchtsregung, deren Objekt diese Frau war – eine Regung also, die nur auf der Neigung zum gleichen Geschlecht beruhen konnte. Es ist längst bekannt und vielfach hervorgehoben, daß sich bei Knaben und Mädchen in den Pubertätsjahren deutliche Anzeichen von der Existenz gleichgeschlechtlicher Neigung auch normalerweise beobachten lassen. Die schwärmerische Freundschaft für eine Schulkollegin mit Schwüren, Küssen, dem Versprechen ewiger Korrespondenz und mit aller Empfindlichkeit der Eifersucht ist der gewöhnliche Vorläufer der ersten intensiveren Verliebtheit in einen Mann. Unter günstigen Verhältnissen versiegt die homosexuelle Strömung dann oft völlig; wo sich das Glück in der Liebe zum Mann nicht einstellt, wird sie oft noch in späteren Jahren von der Libido wieder geweckt und bis zu der oder jener Intensität gesteigert. Ist soviel bei Gesunden mühelos festzustellen, so werden wir im Anschlusse an frühere Bemerkungen über die bessere Ausbildung der normalen Perversionskeime bei den Neurotikern auch eine stärkere homosexuelle Anlage in deren Konstitution zu finden erwarten. Es muß wohl so sein, denn ich bin noch bei keiner Psychoanalyse eines Mannes oder Weibes durchgekommen, ohne eine solche recht bedeutsame homosexuelle Strömung zu berücksichtigen. Wo bei hysterischen Frauen und Mädchen die dem Manne geltende sexuelle Libido eine energische Unterdrückung erfahren hat, da findet man regelmäßig die dem

Weibe geltende durch Vikariieren verstärkt und selbst teilweise bewußt.

Ich werde dieses wichtige und besonders für die Hysterie des Mannes zum Verständnis unentbehrliche Thema hier nicht weiter behandeln, weil die Analyse Doras zu Ende kam, ehe sie über diese
Verhältnisse bei ihr Licht verbreiten konnte. Ich erinnere aber an
jene Gouvernante, mit der sie anfangs in intimem Gedankenaus-
tausch lebte, bis sie merkte, daß sie von ihr nicht ihrer eigenen Person, sondern des Vaters wegen geschätzt und gut behandelt worden
sei. Dann zwang sie dieselbe, das Haus zu verlassen. Sie verweilte
auch auffällig häufig und mit besonderer Betonung bei der Erzählung einer anderen Entfremdung, die ihr selbst rätselhaft vorkam.
Mit ihrer zweiten Cousine, derselben, die später Braut wurde, hatte
sie sich immer besonders gut verstanden und allerlei Geheimnisse
mit ihr geteilt. Als nun der Vater zum erstenmal nach dem abgebro-
chenen Besuch am See wieder nach B. fuhr und Dora es natürlich
ablehnte, ihn zu begleiten, wurde diese Cousine aufgefordert, mit
dem Vater zu reisen, und nahm es an. Dora fühlte sich von da an
erkaltet gegen sie und verwunderte sich selbst, wie gleichgültig sie
ihr geworden war, obwohl sie ja zugestand, sie könne ihr keinen
großen Vorwurf machen. Diese Empfindlichkeiten veranlaßten
mich zu fragen, welches ihr Verhältnis zu Frau K. bis zum Zerwürf-
nis gewesen war. Ich erfuhr dann, daß die junge Frau und das kaum
erwachsene Mädchen Jahre hindurch in der größten Vertraulichkeit
gelebt hatten. Wenn Dora bei den K. wohnte, teilte sie das Schlafzimmer mit der Frau; der Mann wurde ausquartiert. Sie war die
Vertraute und Beraterin der Frau in allen Schwierigkeiten ihres ehelichen Lebens gewesen; es gab nichts, worüber sie nicht gesprochen
hatten. Medea war ganz zufrieden damit, daß Kreusa die beiden
Kinder an sich zog; sie tat gewiß auch nichts dazu, um den Verkehr
des Vaters dieser Kinder mit dem Mädchen zu stören. Wie Dora es
zustande brachte, den Mann zu lieben, über den ihre geliebte Freundin so viel Schlechtes zu sagen wußte, ist ein interessantes psycholo-
gisches Problem, das wohl lösbar wird durch die Einsicht, daß im
Unbewußten die Gedanken besonders bequem nebeneinander
wohnen, auch Gegensätze sich ohne Widerstreit vertragen, was ja
oft genug auch noch im Bewußten so bleibt.

Wenn Dora von Frau K. erzählte, so lobte sie deren »entzückend weißen Körper« in einem Ton, der eher der Verliebten als der besiegten Rivalin entsprach. Mehr wehmütig als bitter teilte sie mir ein andermal mit, sie sei überzeugt, daß die Geschenke, die der Papa ihr gebracht, von Frau K. besorgt worden seien; sie erkenne deren Geschmack. Ein andermal hob sie hervor, daß ihr offenbar durch die Vermittlung von Frau K. Schmuckgegenstände zum Geschenk gemacht worden seien, ganz ähnlich wie die, welche sie bei Frau K. gesehen und sich damals laut gewünscht habe. Ja, ich muß überhaupt sagen, ich hörte nicht ein hartes oder erbostes Wort von ihr über die Frau, in der sie doch nach dem Standpunkt ihrer überwertigen Gedanken die Urheberin ihres Unglücks hätte sehen müssen. Sie benahm sich wie inkonsequent, aber die scheinbare Inkonsequenz war eben der Ausdruck einer komplizierenden Gefühlsströmung. Denn wie hatte sich die schwärmerisch geliebte Freundin gegen sie benommen? Nachdem Dora ihre Beschuldigung gegen Herrn K. vorgebracht und dieser vom Vater schriftlich zur Rede gestellt wurde, antwortete er zuerst mit Beteuerungen seiner Hochachtung und erbot sich, nach der Fabrikstadt zu kommen, um alle Mißverständnisse aufzuklären. Einige Wochen später, als ihn der Vater in B. sprach, war von Hochachtung nicht mehr die Rede. Er setzte das Mädchen herunter und spielte als Trumpf aus: Ein Mädchen, das solche Bücher liest und sich für solche Dinge interessiert, das hat keinen Anspruch auf die Achtung eines Mannes. Frau K. hatte sie also verraten und angeschwärzt; nur mit ihr hatte sie über Mantegazza und über verfängliche Themata gesprochen. Es war wieder derselbe Fall wie mit der Gouvernante; auch Frau K. hatte sie nicht um ihrer eigenen Person willen geliebt, sondern wegen des Vaters. Frau K. hatte sie unbedenklich geopfert, um in ihrem Verhältnis mit dem Vater nicht gestört zu werden. Vielleicht, daß diese Kränkung ihr näher ging, pathogen wirksamer war als die andere, mit der sie jene verdecken wollte, daß der Vater sie geopfert. Wies nicht die eine so hartnäckig festgehaltene Amnesie in betreff der Quellen ihrer verfänglichen Kenntnis direkt auf den Gefühlswert der Beschuldigung und demnach auf den Verrat durch die Freundin hin?

Ich glaube also mit der Annahme nicht irrezugehen, daß der überwertige Gedankenzug Doras, der sich mit dem Verhältnis des Vaters zu Frau K. beschäftigte, bestimmt war nicht nur zur Unterdrückung der einst bewußt gewesenen Liebe zu Herrn K., sondern auch die in tieferem Sinne unbewußte Liebe zu Frau K. zu verdecken hatte. Zu letzterer Strömung stand er im Verhältnis des direkten Gegensatzes. Sie sagte sich unablässig vor, daß der Papa sie dieser Frau geopfert habe, demonstrierte geräuschvoll, daß sie ihr den Besitz des Papas nicht gönne, und verbarg sich so das Gegenteil, daß sie dem Papa die Liebe dieser Frau nicht gönnen konnte und der geliebten Frau die Enttäuschung über ihren Verrat nicht vergeben hatte. Die eifersüchtige Regung des Weibes war im Unbewußten an eine wie von einem Mann empfundene Eifersucht gekoppelt. Diese männlichen oder, wie man besser sagt, *gynäkophilen* Gefühlsströmungen sind für das unbewußte Liebesleben der hysterischen Mädchen als typisch zu betrachten.

II
DER ERSTE TRAUM

Als wir gerade Aussicht hatten, einen dunkeln Punkt in dem Kinderleben Doras durch das Material, welches sich zur Analyse drängte, aufzuhellen, berichtete Dora, sie habe einen Traum, den sie in genau der nämlichen Weise schon wiederholt geträumt, in einer der letzten Nächte neuerlich gehabt. Ein periodisch wiederkehrender Traum war schon dieses Charakters wegen besonders geeignet, meine Neugierde zu wecken; im Interesse der Behandlung durfte man ja die Einflechtung dieses Traumes in den Zusammenhang der Analyse ins Auge fassen. Ich beschloß also, diesen Traum besonders sorgfältig zu erforschen.

I. Traum: »*In einem Haus brennt es* [1], erzählte Dora, *der Vater steht vor meinem Bett und weckt mich auf. Ich kleide mich schnell an. Die Mama will noch ihr Schmuckkästchen retten, der Papa sagt aber: Ich will nicht, daß ich und meine beiden Kinder wegen deines Schmuckkästchens verbrennen. Wir eilen herunter, und sowie ich draußen bin, wache ich auf.*«

Da es ein wiederkehrender Traum ist, frage ich natürlich, wann sie ihn zuerst geträumt. – Das weiß sie nicht. Sie erinnert sich aber, daß sie den Traum in L. (dem Orte am See, wo die Szene mit Herrn K. vorfiel) in drei Nächten hintereinander gehabt, dann kam er vor einigen Tagen hier wieder.[2] – Die so hergestellte Verknüpfung des Traumes mit den Ereignissen in L. erhöht natürlich meine Erwartungen in betreff der Traumlösung. Ich möchte aber zunächst den Anlaß für seine letzte Wiederkehr erfahren und fordere darum Dora, die bereits durch einige kleine, vorher analysierte Beispiele für die Traumdeutung geschult ist, auf, sich den Traum zu zerlegen und mir mitzuteilen, was ihr zu ihm einfällt.

---

1 Es hat nie bei uns einen wirklichen Brand gegeben, antwortete sie dann auf meine Erkundigung.
2 Es läßt sich aus dem Inhalt nachweisen, daß der Traum in L. *zuerst* geträumt worden ist.

Sie sagt: »Etwas, was aber nicht dazu gehören kann, denn es ist ganz frisch, während ich den Traum gewiß schon früher gehabt habe.«
Das macht nichts, nur zu; es wird eben das letzte dazu Passende sein.
»Also der Papa hat in diesen Tagen mit der Mama einen Streit gehabt, weil sie nachts das Speisezimmer absperrt. Das Zimmer meines Bruders hat nämlich keinen eigenen Ausgang, sondern ist nur durchs Speisezimmer zugänglich. Der Papa will nicht, daß der Bruder bei Nacht so abgesperrt sein soll. Er hat gesagt, das ginge nicht; es könnte doch bei Nacht etwas passieren, daß man hinaus muß.«
Das haben Sie nun auf Feuersgefahr bezogen?
»Ja.«
Ich bitte Sie, merken Sie sich Ihre eigenen Ausdrücke wohl. Wir werden sie vielleicht brauchen. Sie haben gesagt: Daß bei *Nacht etwas passieren kann, daß man hinaus muß*.[1]
Dora hat nun aber die Verbindung zwischen dem rezenten und den damaligen Anlässen für den Traum gefunden, denn sie fährt fort:
»Als wir damals in L. ankamen, der Papa und ich, hat er die Angst vor einem Brand direkt geäußert. Wir kamen in einem heftigen Gewitter an, sahen das kleine Holzhäuschen, das keinen Blitzableiter hatte. Da war diese Angst ganz natürlich.«
Es liegt mir nun daran, die Beziehung zwischen den Ereignissen in L. und den damaligen gleichlautenden Träumen zu ergründen. Ich frage also: Haben Sie den Traum in den ersten Nächten in L. gehabt oder in den letzten vor Ihrer Abreise, also vor oder nach der bekannten Szene im Walde? (Ich weiß nämlich, daß die Szene nicht gleich am ersten Tage vorfiel und daß sie nach derselben noch einige Tage in L. verblieb, ohne etwas von dem Vorfalle merken zu lassen.)
Sie antwortet zuerst: Ich weiß nicht. Nach einer Weile: Ich glaube doch, nachher.
Nun wußte ich also, daß der Traum eine Reaktion auf jenes Erlebnis

---

1 Ich greife diese Worte heraus, weil sie mich stutzig machen. Sie klingen mir zweideutig. Spricht man nicht mit denselben Worten von gewissen körperlichen Bedürfnissen? Zweideutige Worte sind aber wie »*Wechsel*« für den Assoziationsverlauf. Stellt man den Wechsel anders, als er im Trauminhalt eingestellt erscheint, so kommt man wohl auf das Geleise, auf dem sich die gesuchten und noch verborgenen Gedanken hinter dem Traum bewegen.

war. Warum kehrte er aber dort dreimal wieder? Ich fragte weiter: Wie lange sind Sie noch nach der Szene in L. geblieben?

»Noch vier Tage, am fünften bin ich mit dem Papa abgereist.«

Jetzt bin ich sicher, daß der Traum die unmittelbare Wirkung des Erlebnisses mit Herrn K. war. Sie haben ihn dort zuerst geträumt, nicht früher. Sie haben die Unsicherheit im Erinnern nur hinzugefügt, um sich den Zusammenhang zu verwischen.[1] Es stimmt mir aber noch nicht ganz mit den Zahlen. Wenn Sie noch vier Nächte in L. blieben, können Sie den Traum viermal wiederholt haben. Vielleicht war es so?

Sie widerspricht nicht mehr meiner Behauptung, setzt aber, anstatt auf meine Frage zu antworten, fort[2]: »Am Nachmittag nach unserer Seefahrt, von der wir, Herr K. und ich, mittags zurückkamen, hatte ich mich wie gewöhnlich auf das Sofa im Schlafzimmer gelegt, um kurz zu schlafen. Ich erwachte plötzlich und sah Herrn K. vor mir stehen...«

Also wie Sie im Traume den Papa vor Ihrem Bette stehen sehen?

»Ja. Ich stellte ihn zur Rede, was er hier zu suchen habe. Er gab zur Antwort, er lasse sich nicht abhalten, in sein Schlafzimmer zu gehen, wann er wolle; übrigens habe er etwas holen wollen. Dadurch vorsichtig gemacht, habe ich Frau K. gefragt, ob denn kein Schlüssel zum Schlafzimmer existiert, und habe mich am nächsten Morgen (am zweiten Tag) zur Toilette eingeschlossen. Als ich mich dann nachmittags einschließen wollte, um mich wieder aufs Sofa zu legen, fehlte der Schlüssel. Ich bin überzeugt, Herr K. hatte ihn beseitigt.«

Das ist also das Thema vom Verschließen oder Nichtverschließen des Zimmers, das im ersten Einfall zum Traume vorkommt und das zufällig auch im frischen Anlaß zum Traum eine Rolle gespielt hat.[3]

---

1 Vgl. das eingangs Seite 19 f. über den Zweifel beim Erinnern Gesagte.

2 Es muß nämlich erst neues Erinnerungsmaterial kommen, ehe die von mir gestellte Frage beantwortet werden kann.

3 Ich vermute, ohne es noch Dora zu sagen, daß dies Element wegen seiner symbolischen Bedeutung von ihr ergriffen wurde. »*Zimmer*« im Traum wollen recht häufig »Frauenzimmer« vertreten, und ob ein Frauenzimmer »offen« oder »verschlossen« ist, kann natürlich nicht gleichgültig sein. Auch welcher »Schlüssel« in diesem Falle öffnet, ist wohlbekannt.

Sollte der Satz: *ich kleide mich schnell an*, auch in diesen Zusammenhang gehören?

»Damals nahm ich mir vor, nicht ohne den Papa bei K. zu bleiben. An den nächsten Morgen mußte ich fürchten, daß mich Herr K. bei der Toilette überrasche, und *kleidete mich darum* immer sehr *schnell* an. Der Papa wohnte ja im Hotel, und Frau K. war immer schon früh weggegangen, um mit dem Papa eine Partie zu machen. Herr K. belästigte mich aber nicht wieder.«

Ich verstehe, Sie faßten am Nachmittag des zweiten Tages den Vorsatz, sich diesen Nachstellungen zu entziehen, und hatten nun in der zweiten, dritten und vierten Nacht nach der Szene im Walde Zeit, sich diesen Vorsatz im Schlafe zu wiederholen. Daß Sie am nächsten – dritten – Morgen den Schlüssel nicht haben würden, um sich beim Ankleiden einzuschließen, wußten Sie ja schon am zweiten Nachmittag, also vor dem Traum, und konnten sich vornehmen, die Toilette möglichst zu beeilen. Ihr Traum kam aber jede Nacht wieder, weil er eben einem *Vorsatz* entsprach. Ein Vorsatz bleibt so lange bestehen, bis er ausgeführt ist. Sie sagten sich gleichsam: ich habe keine Ruhe, ich kann keinen ruhigen Schlaf finden, bis ich nicht aus diesem Hause heraus bin. Umgekehrt sagen Sie im Traume: *Sowie ich draußen bin, wache ich auf.*

Ich unterbreche hier die Mitteilung der Analyse, um dieses Stückchen einer Traumdeutung an meinen allgemeinen Sätzen über den Mechanismus der Traumbildung zu messen. Ich habe in meinem Buche[1] ausgeführt, jeder Traum sei ein als erfüllt dargestellter Wunsch, die Darstellung sei eine verhüllende, wenn der Wunsch ein verdrängter, dem Unbewußten angehöriger sei, und außer bei den Kinderträumen habe nur der unbewußte oder bis ins Unbewußte reichende Wunsch die Kraft, einen Traum zu bilden. Ich glaube, die allgemeine Zustimmung wäre mir sicherer gewesen, wenn ich mich begnügt hätte zu behaupten, daß jeder Traum einen Sinn habe, der durch eine gewisse Deutungsarbeit aufzudecken sei. Nach vollzogener Deutung könne man den Traum durch Gedanken ersetzen, die sich an leicht kenntlicher Stelle in das Seelenleben des Wachens ein-

---

1 Die Traumdeutung, 1900 (Ges. Werke, Bd. II/III).

fügen. Ich hätte dann fortfahren können, dieser Sinn des Traumes erwiese sich als ebenso mannigfaltig wie eben die Gedankengänge des Wachens. Es sei das eine Mal ein erfüllter Wunsch, das andere Mal eine verwirklichte Befürchtung, dann etwa eine im Schlafe fortgesetzte Überlegung, ein Vorsatz (wie bei Doras Traum), ein Stück geistigen Produzierens im Schlafe usw. Diese Darstellung hätte gewiß durch ihre Faßlichkeit bestochen und hätte sich auf eine große Anzahl gut gedeuteter Beispiele, wie z. B. auf den hier analysierten Traum, stützen können.

Anstatt dessen habe ich eine allgemeine Behauptung aufgestellt, die den Sinn der Träume auf eine einzige Gedankenform, auf die Darstellung von Wünschen einschränkt, und habe die allgemeinste Neigung zum Widerspruche wachgerufen. Ich muß aber sagen, daß ich weder das Recht noch die Pflicht zu besitzen glaubte, einen Vorgang der Psychologie zur größeren Annehmlichkeit der Leser zu vereinfachen, wenn er meiner Untersuchung eine Komplikation bot, deren Lösung zur Einheitlichkeit erst an anderer Stelle gefunden werden konnte. Es wird mir darum von besonderem Werte sein zu zeigen, daß die scheinbaren Ausnahmen, wie Doras Traum hier, der sich zunächst als ein in den Schlaf fortgesetzter Tagesvorsatz enthüllt, doch die bestrittene Regel neuerdings bekräftigen.

Wir haben ja noch ein großes Stück des Traumes zu deuten. Ich fragte weiter: Was ist es mit dem Schmuckkästchen, das die Mama retten will?

»Die Mama liebt Schmuck sehr und hat viel vom Papa bekommen.«

Und Sie?

»Ich habe Schmuck früher auch sehr geliebt; seit der Krankheit trage ich keinen mehr. – Da gab es damals vor vier Jahren (ein Jahr vor dem Traum) einen großen Streit zwischen Papa und Mama wegen eines Schmuckes. Die Mama wünschte sich etwas Bestimmtes, Tropfen von Perlen im Ohre zu tragen. Der Papa liebt aber dergleichen nicht und brachte ihr anstatt der Tropfen ein Armband. Sie war wütend und sagte ihm, wenn er schon soviel Geld ausgegeben habe, um etwas zu schenken, was sie nicht möge, so solle er es nur einer anderen schenken.«

Da werden Sie sich gedacht haben, Sie nähmen es gerne?

»Ich weiß nicht[1], weiß überhaupt nicht, wie die Mama in den Traum kommt; sie war doch damals nicht mit in L.«[2]

Ich werde es Ihnen später erklären. Fällt Ihnen denn nichts anderes zum Schmuckkästchen ein? Bis jetzt haben Sie nur von Schmuck und nichts von einem Kästchen gesprochen.

»Ja, Herr K. hatte mir einige Zeit vorher ein kostbares Schmuckkästchen zum Geschenke gemacht.«

Da war das Gegengeschenk also wohl am Platze. Sie wissen vielleicht nicht, daß »Schmuckkästchen« eine beliebte Bezeichnung für dasselbe ist, was Sie unlängst mit dem angehängten Täschchen angedeutet haben[3], für das weibliche Genitale.

»Ich wußte, daß *Sie* das sagen würden.«[4]

Das heißt, *Sie* wußten es. – Der Sinn des Traumes wird nun noch deutlicher. Sie sagten sich: Der Mann stellt mir nach, er will in mein Zimmer dringen, meinem »Schmuckkästchen« droht Gefahr, und wenn da ein Malheur passiert, wird es die Schuld des Papa[s] sein. Darum haben Sie in den Traum eine Situation genommen, die das Gegenteil ausdrückt, eine Gefahr, aus welcher der Papa Sie rettet. In dieser Region des Traumes ist überhaupt alles ins Gegenteil verwandelt; Sie werden bald hören, warum. Das Geheimnis liegt allerdings bei der Mama. Wie die Mama dazu kommt? Sie ist, wie Sie wissen, Ihre frühere Konkurrentin in der Gunst des Papas. Bei der Begebenheit mit dem Armbande wollten Sie gerne annehmen, was die Mama zurückgewiesen hat. Nun lassen Sie uns einmal »annehmen« durch »geben«, »zurückweisen« durch »verweigern« ersetzen. Das heißt dann, Sie waren bereit, dem Papa zu geben, was die Mama ihm ver-

---

1 Ihre damals gewöhnliche Redensart, etwas Verdrängtes anzuerkennen.

2 Diese Bemerkung, die von gänzlichem Mißverständnisse der ihr sonst wohlbekannten Regeln der Traumerklärung zeugt, sowie die zögernde Art und die spärliche Ausbeute ihrer Einfälle zum Schmuckkästchen bewiesen mir, daß es sich hier um Material handle, das mit großem Nachdrucke verdrängt worden sei.

3 Über dieses Täschchen siehe weiter unten.

4 Eine sehr häufige Art, eine aus dem Verdrängten auftauchende Kenntnis von sich wegzuschieben.

weigert, und das, um was es sich handelt, hätte mit Schmuck zu tun.[1] Nun erinnern Sie sich an das Schmuckkästchen, das Herr K. Ihnen geschenkt hat. Sie haben da den Anfang einer parallelen Gedankenreihe, in der wie in der Situation des Vor-Ihrem-Bette-Stehens Herr K. anstatt des Papas einzusetzen ist. Er hat Ihnen ein Schmuckkästchen geschenkt, Sie sollen ihm also Ihr Schmuckkästchen schenken; darum sprach ich vorhin vom »Gegengeschenke«. In dieser Gedankenreihe wird Ihre Mama durch Frau K. zu ersetzen sein, die doch wohl damals anwesend war. Sie sind also bereit, Herrn K. das zu schenken, was ihm seine Frau verweigert. Hier haben Sie den Gedanken, der mit soviel Anstrengung verdrängt werden muß, der die Verwandlung aller Elemente in ihr Gegenteil notwendig macht. Wie ich's Ihnen schon vor diesem Traume gesagt habe, der Traum bestätigt wieder, daß Sie die alte Liebe zum Papa wachrufen, um sich gegen die Liebe zu K. zu schützen. Was beweisen aber alle diese Bemühungen? Nicht nur, daß Sie sich vor Herrn K. fürchten, noch mehr fürchten Sie sich vor sich selber, vor Ihrer Versuchung, ihm nachzugeben. Sie bestätigen also dadurch, wie intensiv die Liebe zu ihm war.[2]

Dieses Stück der Deutung wollte sie natürlich nicht mitmachen.

Mir hatte sich aber auch eine Fortsetzung der Traumdeutung ergeben, die ebensowohl für die Anamnese des Falles wie für die Theorie des Traumes unentbehrlich schien. Ich versprach, dieselbe Dora in der nächsten Sitzung mitzuteilen.

Ich konnte nämlich den Hinweis nicht vergessen, der sich aus den angemerkten zweideutigen Worten zu ergeben schien (*daß man hinaus muß, daß bei Nacht ein Malheur passieren kann*). Dem reihte sich an, daß mir die Aufklärung des Traumes unvollständig schien,

---

1 Auch für die Tropfen werden wir später eine vom Zusammenhange geforderte Deutung anführen können.

2 Ich füge noch hinzu: Übrigens muß ich aus dem Wiederauftauchen des Traumes in den letzten Tagen schließen, daß Sie dieselbe Situation für wiedergekommen erachten und daß Sie beschlossen haben, aus der Kur, zu der ja nur der Papa Sie bringt, wegzubleiben. – Die Folge zeigte, wie richtig ich geraten hatte. Meine Deutung streift hier das praktisch wie theoretisch höchst bedeutsame Thema der »Übertragung«, auf welches einzugehen ich in dieser Abhandlung wenig Gelegenheit mehr finden werde.

solange nicht eine gewisse Forderung erfüllt war, die ich zwar nicht allgemein aufstellen will, nach deren Erfüllung ich aber mit Vorliebe suche. Ein ordentlicher Traum steht gleichsam auf zwei Beinen, von denen das eine den wesentlichen aktuellen Anlaß, das andere eine folgenschwere Begebenheit der Kinderjahre berührt. Zwischen diesen beiden, dem Kindererlebnisse und dem gegenwärtigen, stellt der Traum eine Verbindung her, er sucht die Gegenwart nach dem Vorbilde der frühesten Vergangenheit umzugestalten. Der Wunsch, der den Traum schafft, kommt ja immer aus der Kindheit, er will die Kindheit immer wieder von neuem zur Realität erwecken, die Gegenwart nach der Kindheit korrigieren. Die Stücke, die sich zu einer Anspielung auf ein Kinderereignis zusammensetzen lassen, glaubte ich in dem Trauminhalte bereits deutlich zu erkennen.

Ich begann die Erörterung hierüber mit einem kleinen Experimente, das wie gewöhnlich gelang. Auf dem Tische stand zufällig ein großer Zündhölzchenbehälter. Ich bat Dora, sich doch umzusehen, ob sie auf dem Tische etwas Besonderes sehen könne, das gewöhnlich nicht darauf stände. Sie sah nichts. Dann fragte ich, ob sie wisse, warum man den Kindern verbiete, mit Zündhölzchen zu spielen.

»Ja, wegen der Feuersgefahr. Die Kinder meines Onkels spielen so gerne mit Zündhölzchen.«

Nicht allein deswegen. Man warnt sie: »Nicht zündeln« und knüpft daran einen gewissen Glauben.

Sie wußte nichts darüber. – Also man fürchtet, daß sie dann das Bett naß machen werden. Dem liegt wohl der Gegensatz von *Wasser* und *Feuer* zugrunde. Etwa, daß sie vom Feuer träumen und dann versuchen werden, mit Wasser zu löschen. Das weiß ich nicht genau zu sagen. Aber ich sehe, daß Ihnen der Gegensatz von Wasser und Feuer im Traume ausgezeichnete Dienste leistet. Die Mama will das Schmuckkästchen retten, damit es nicht *verbrennt*, in den Traumgedanken kommt es darauf an, daß das »Schmuckkästchen« nicht *naß* wird. Feuer ist aber nicht nur als Gegensatz zu Wasser verwendet, es dient auch zur direkten Vertretung von Liebe, Verliebt-, Verbranntsein. Von Feuer geht also das eine Geleise über diese symbolische Bedeutung zu den Liebesgedanken, das andere führt über den Gegensatz Wasser, nachdem noch die eine Beziehung zur Liebe, die auch *naß* macht, abgezweigt hat, anderswohin. Wohin nun? Denken Sie an Ihre Ausdrücke: daß bei Nacht ein *Malheur passiert*, daß man *hinaus muß*. Bedeutet das nicht ein körperliches Bedürfnis, und wenn Sie das Malheur in die Kindheit versetzen, kann es ein anderes sein, als daß das Bett naß wird? Was tut man aber, um die Kinder vor dem Bettnässen zu hüten? Nicht wahr, man weckt sie in der Nacht aus dem Schlafe, *ganz so, wie es im Traume der Papa mit Ihnen tut*? Dieses wäre also die wirkliche Begebenheit, aus welcher Sie sich das Recht nehmen, Herrn K., der Sie aus dem Schlafe weckt, durch den Papa zu ersetzen. Ich muß also schließen, daß Sie an Bettnässen länger, als es sich sonst bei Kindern erhält, gelitten haben. Dasselbe muß bei Ihrem Bruder der Fall gewesen sein. Der Papa sagt ja: *Ich will nicht, daß meine beiden Kinder...* zugrunde gehen. Der Bruder hat mit der aktuellen Situation bei K. sonst nichts zu tun, er war auch nicht nach L. mitgekommen. Was sagen nun Ihre Erinnerungen dazu?

»Von mir weiß ich nichts«, antwortete sie, »aber der Bruder hat bis zum sechsten oder siebenten Jahre das Bett naß gemacht, es ist ihm auch manchmal am Tage passiert.«

Ich wollte sie eben aufmerksam machen, wieviel leichter man sich an derartiges von seinem Bruder als von sich erinnert, als sie mit der wiedergewonnenen Erinnerung fortsetzte: »Ja, ich habe es auch gehabt, aber erst im siebenten oder achten Jahre eine Zeitlang. Es muß arg gewesen sein, denn ich weiß jetzt, daß der Doktor um Rat gefragt wurde. Es war bis kurz vor dem nervösen Asthma.«

Was sagte der Doktor dazu?

»Er erklärte es für eine nervöse Schwäche; es werde sich schon verlieren, meinte er, und verschrieb stärkende Mittel.«[1]

Die Traumdeutung schien mir nun vollendet.[2] Einen Nachtrag zum Traume brachte sie noch tags darauf. Sie habe vergessen zu erzählen, daß sie nach dem Erwachen jedesmal Rauch gerochen. Der Rauch

---

[1] Dieser Arzt war der einzige, zu dem sie Zutrauen zeigte, weil sie an dieser Erfahrung gemerkt, er wäre nicht hinter ihr Geheimnis gekommen. Vor jedem andern, den sie noch nicht einzuschätzen wußte, empfand sie Angst, die sich jetzt also motiviert, er könne ihr Geheimnis erraten.

[2] Der Kern des Traumes würde übersetzt etwa so lauten: Die Versuchung ist so stark. Lieber Papa, schütze du mich wieder wie in den Kinderzeiten, daß mein Bett nicht naß wird!

paßte ja wohl zum Feuer, er wies auch darauf hin, daß der Traum eine besondere Beziehung zu meiner Person habe, denn ich pflegte ihr, wenn sie behauptet hatte, da oder dort stecke nichts dahinter, oft entgegenzuhalten: »Wo Rauch ist, ist auch Feuer.« Sie wandte aber gegen diese ausschließlich persönliche Deutung ein, daß Herr K. und der Papa leidenschaftliche Raucher seien, wie übrigens auch ich. Sie rauchte selbst am See, und Herr K. hatte ihr, ehe er damals mit seiner unglücklichen Werbung begann, eine Zigarette gedreht. Sie glaubte sich auch sicher zu erinnern, daß der Geruch nach Rauch nicht erst im letzten, sondern schon in dem dreimaligen Träumen in L. aufgetreten war. Da sie weitere Auskünfte verweigerte, blieb es mir überlassen, wie ich mir diesen Nachtrag in das Gefüge der Traumgedanken eintragen wolle. Als Anhaltspunkt konnte mir dienen, daß die Sensation des Rauches als Nachtrag kam, also eine besondere Anstrengung der Verdrängung hatte überwinden müssen. Demnach gehörte sie wahrscheinlich zu dem im Traume am dunkelsten dargestellten und bestverdrängten Gedanken, also dem der Versuchung, sich dem Manne willig zu erweisen. Sie konnte dann kaum etwas anderes bedeuten als die Sehnsucht nach einem Kusse, der beim Raucher notwendigerweise nach Rauch schmeckt; ein Kuß war aber etwa zwei Jahre vorher zwischen den beiden vorgefallen und hätte sich sicherlich mehr als einmal wiederholt, wenn das Mädchen nun der Werbung nachgegeben hätte. Die Versuchungsgedanken scheinen so auf die frühere Szene zurückgegriffen und die Erinnerung an den Kuß aufgeweckt zu haben, gegen dessen Verlockung sich die Lutscherin seinerzeit durch den Ekel schützte. Nehme ich endlich die Anzeichen zusammen, die eine Übertragung auf mich, weil ich auch Raucher bin, wahrscheinlich machen, so komme ich zur Ansicht, daß ihr eines Tages wahrscheinlich während der Sitzung eingefallen, sich einen Kuß von mir zu wünschen. Dies war für sie der Anlaß, sich den Warnungstraum zu wiederholen und den Vorsatz zu fassen, aus der Kur zu gehen. So stimmt es sehr gut zusammen, aber vermöge der Eigentümlichkeiten der »Übertragung« entzieht es sich dem Beweise.

Ich könnte nun schwanken, ob ich zuerst die Ausbeute dieses Traumes für die Krankengeschichte des Falles in Angriff nehmen oder lieber den aus ihm gegen die Traumtheorie gewonnenen Einwand erledigen soll. Ich wähle das erstere.

Es verlohnt sich, auf die Bedeutung des Bettnässens in der Vorgeschichte der Neurotiker ausführlich einzugehen. Der Übersichtlichkeit zuliebe beschränke ich mich darauf zu betonen, daß Doras Fall von Bettnässen nicht der gewöhnliche war. Die Störung hatte sich nicht einfach über die fürs Normale zugestandene Zeit fortgesetzt, sondern war nach ihrer bestimmten Angabe zunächst geschwunden und dann verhältnismäßig spät, nach dem sechsten Lebensjahre, wieder aufgetreten. Ein solches Bettnässen hat meines Wissens keine wahrscheinlichere Ursache als Masturbation, die in der Ätiologie des Bettnässens überhaupt eine noch zu gering geschätzte Rolle spielt. Den Kindern selbst ist nach meiner Erfahrung dieser Zusammenhang sehr wohl bekannt gewesen, und alle psychischen Folgen leiten sich so davon ab, als ob sie ihn niemals vergessen hätten. Nun befanden wir uns zur Zeit, als der Traum erzählt wurde, auf einer Linie der Forschung, welche direkt auf ein solches Eingeständnis der Kindermasturbation zulief. Sie hatte eine Weile vorher die Frage aufgeworfen, warum denn gerade sie krank geworden sei, und hatte, ehe ich eine Antwort gab, die Schuld auf den Vater gewälzt. Es waren nicht unbewußte Gedanken, sondern bewußte Kenntnis, welche die Begründung übernahm. Das Mädchen wußte zu meinem Erstaunen, welcher Natur die Krankheit des Vaters gewesen war. Sie hatte nach der Rückkehr des Vaters von meiner Ordination ein Gespräch erlauscht, in dem der Name der Krankheit genannt wurde. In noch früheren Jahren, zur Zeit der Netzhautablösung, muß ein zu Rate gezogener Augenarzt auf die luetische Ätiologie hingewiesen haben, denn das neugierige und besorgte Mädchen hörte damals eine alte Tante zur Mutter sagen: »Er war ja schon vor der Ehe krank« und etwas ihr Unverständliches hinzufügen, was sie sich später auf unanständige Dinge deutete.

Der Vater war also durch leichtsinnigen Lebenswandel krank geworden, und sie nahm an, daß er ihr das Kranksein erblich übertragen habe. Ich hütete mich, ihr zu sagen, daß ich, wie erwähnt (Seite 23, Anm.), gleichfalls die Ansicht vertrete, die Nachkommenschaft Luetischer sei zu schweren Neuropsychosen ganz besonders prädisponiert. Die Fortsetzung dieses den Vater anklagenden Gedankenganges ging durch unbewußtes Material. Sie identifizierte sich einige Tage lang in kleinen Symptomen und Eigentümlichkeiten mit der Mutter, was ihr Gelegenheit gab, Hervorragendes in Unausstehlichkeit zu leisten, und ließ mich dann erraten, daß sie an einen Aufenthalt in Franzensbad denke, das sie in Begleitung der Mutter – ich weiß nicht mehr, in welchem Jahre – besucht hatte. Die Mutter litt an Schmerzen im Unterleibe und an einem Ausflusse – Katarrh –, der eine Franzensbader Kur notwendig machte. Es war ihre – wahrscheinlich wieder berechtigte – Meinung, daß diese Krankheit vom Papa herrühre, der also seine Geschlechtsaffektion auf die Mutter übertragen hatte. Es war ganz begreiflich, daß sie bei diesem Schlusse, wie ein großer Teil der Laien überhaupt, Gonorrhöe und Syphilis, erbliche und Übertragung durch den Verkehr zusammenwarf. Ihr Verharren in der Identifizierung nötigte mir fast die Frage auf, ob sie denn auch eine Geschlechtskrankheit habe, und nun erfuhr ich, daß sie mit einem Katarrh (Fluor albus) behaftet sei, an dessen Beginn sie sich nicht erinnern könne.

Ich verstand nun, daß hinter dem Gedankengange, der laut den Vater anklagte, wie gewöhnlich eine Selbstbeschuldigung verborgen sei, und kam ihr entgegen, indem ich ihr versicherte, daß der Fluor der jungen Mädchen in meinen Augen vorzugsweise auf Masturbation deute und daß ich alle anderen Ursachen, die gewöhnlich für solch ein Leiden angeführt werden, neben der Masturbation in den Hintergrund treten lasse.[1] Sie sei also auf dem Wege, ihre Frage, warum gerade sie erkrankt sei, durch das Eingeständnis der Masturbation, wahrscheinlich in den Kinderjahren, zu beantworten. Sie leugnete entschiedenst, sich an etwas Derartiges erinnern zu können. Aber einige Tage später führte sie etwas auf, was ich als weitere Annäherung an das Geständnis betrachten mußte. Sie hatte an diesem Tage nämlich, was weder früher noch später je der Fall war, ein Portemonnaietäschchen von der Form, die eben modern wurde, umgehängt und spielte damit, während sie im Liegen sprach, indem sie es öffnete, einen Finger hineinsteckte, es wieder schloß, usw. Ich sah ihr eine Weile zu und erklärte ihr dann, was eine *Symptomhand-*

---

1 (*Zusatz 1923:*) Eine extreme Auffassung, die ich heute nicht mehr vertreten würde.

75

lung[1] sei. Symptomhandlungen nenne ich jene Verrichtungen, die der Mensch, wie man sagt, automatisch, unbewußt, ohne darauf zu achten, wie spielend, vollzieht, denen er jede Bedeutung absprechen möchte und die er für gleichgültig und zufällig erklärt, wenn er nach ihnen gefragt wird. Sorgfältigere Beobachtung zeigt dann, daß solche Handlungen, von denen das Bewußtsein nichts weiß oder nichts wissen will, unbewußten Gedanken und Impulsen Ausdruck geben, somit als zugelassene Äußerungen des Unbewußten wertvoll und lehrreich sind. Es gibt zwei Arten des bewußten Verhaltens gegen die Symptomhandlungen. Kann man sie unauffällig motivieren, so nimmt man auch Kenntnis von ihnen; fehlt ein solcher Vorwand vor dem Bewußten, so merkt man in der Regel gar nicht, daß man sie ausführt. Im Falle Doras war die Motivierung leicht: »Warum soll ich nicht ein solches Täschchen tragen, wie es jetzt modern ist?« Aber eine solche Rechtfertigung hebt die Möglichkeit der unbewußten Herkunft der betreffenden Handlung nicht auf. Anderseits läßt sich diese Herkunft und der Sinn, den man der Handlung beilegt, nicht zwingend erweisen. Man muß sich begnügen zu konstatieren, daß ein solcher Sinn in den Zusammenhang der vorliegenden Situation, in die Tagesordnung des Unbewußten ganz ausgezeichnet hineinpaßt.

Ich werde ein anderes Mal eine Sammlung solcher Symptomhandlungen vorlegen, wie man sie bei Gesunden und Nervösen beobachten kann. Die Deutungen sind manchmal sehr leicht. Das zweiblättrige Täschchen Doras ist nichts anderes als eine Darstellung des Genitales und ihr Spielen damit, ihr Öffnen und Fingerhineinstecken eine recht ungenierte, aber unverkennbare pantomimische Mitteilung dessen, was sie damit tun möchte, die der Masturbation. Vor kurzem ist mir ein ähnlicher Fall vorgekommen, der sehr erheiternd wirkte. Eine ältere Dame zieht mitten in der Sitzung, angeblich um sich durch ein Bonbon anzufeuchten, eine kleine beinerne Dose hervor, bemüht sich, sie zu öffnen, und reicht sie dann mir, damit ich

---

1 Vgl. meine Abhandlung über die Psychopathologie des Alltagslebens in der Monatsschrift für Psychiatrie und Neurologie, 1901. (Als Buch 1904, 10. Aufl. 1924. – Enthalten im Bd. IV dieser Gesamtausgabe [der *Gesammelten Werke*].)

mich überzeuge, wie schwer sie aufgeht. Ich äußere mein Mißtrauen, daß diese Dose etwas Besonderes bedeuten müsse, ich sehe
sie heute doch zum ersten Male, obwohl die Eigentümerin mich
schon länger als ein Jahr besucht. Darauf die Dame im Eifer: »Diese
Dose trage ich immer bei mir, ich nehme sie überall mit, wohin ich
gehe!« Sie beruhigt sich erst, nachdem ich sie lachend aufmerksam
gemacht, wie gut ihre Worte auch zu einer anderen Bedeutung pas-
sen. Die Dose – Box, πύξις – ist wie das Täschchen, wie das
Schmuckkästchen wieder nur eine Vertreterin der Venusmuschel,
des weiblichen Genitales!

Es gibt viel solcher Symbolik im Leben, an der wir gewöhnlich acht-
los vorübergehen. Als ich mir die Aufgabe stellte, das, was die Menschen verstecken, nicht durch den Zwang der Hypnose, sondern aus
dem, was sie sagen und zeigen, ans Licht zu bringen, hielt ich die
Aufgabe für schwerer, als sie wirklich ist. Wer Augen hat zu sehen
und Ohren zu hören, überzeugt sich, daß die Sterblichen kein Geheimnis verbergen können. Wessen Lippen schweigen, der schwätzt
mit den Fingerspitzen; aus allen Poren dringt ihm der Verrat. Und
darum ist die Aufgabe, das verborgenste Seelische bewußtzuma-
chen, sehr wohl lösbar.

Doras Symptomhandlung mit dem Täschchen war nicht der nächste
Vorläufer des Traumes. Die Sitzung, die uns die Traumerzählung
brachte, leitete sie durch eine andere Symptomhandlung ein. Als ich
in das Zimmer trat, in dem sie wartete, versteckte sie rasch einen
Brief, in dem sie las. Ich fragte natürlich, von wem der Brief sei, und
sie weigerte sich erst, es anzugeben. Dann kam etwas heraus, was
höchst gleichgültig und ohne Beziehung zu unserer Kur war. Es war
ein Brief der Großmutter, in dem sie aufgefordert wurde, ihr öfter
zu schreiben. Ich meine, sie wollte mir nur »Geheimnis« vorspielen
und andeuten, daß sie sich jetzt ihr Geheimnis vom Arzt entreißen
lasse. Ihre Abneigung gegen jeden neuen Arzt erkläre ich mir nun
durch die Angst, er würde bei der Untersuchung (durch den Katarrh) oder beim Examen (durch die Mitteilung des Bettnässens) auf
den Grund ihres Leidens kommen, die Masturbation bei ihr erraten.
Sie sprach dann immer sehr geringschätzig von den Ärzten, die sie
vorher offenbar überschätzt hatte.

Anklagen gegen den Vater, daß er sie krank gemacht, mit der Selbstanklage dahinter – Fluor albus – Spielen mit dem Täschchen – Bettnässen nach dem sechsten Jahre – Geheimnis, das sie sich von den Ärzten nicht entreißen lassen will: ich halte den Indizienbeweis für die kindliche Masturbation für lückenlos hergestellt. Ich hatte in diesem Falle die Masturbation zu ahnen begonnen, als sie mir von den Magenkrämpfen der Cousine erzählte (siehe Seite 39 f.) und sich dann mit dieser identifizierte, indem sie tagelang über die nämlichen schmerzhaften Sensationen klagte. Es ist bekannt, wie häufig Magenkrämpfe gerade bei Masturbanten auftreten. Nach einer persönlichen Mitteilung von W. Fließ sind es gerade solche Gastralgien, die durch Kokainisierung der von ihm gefundenen »Magenstelle« in der Nase unterbrochen und durch deren Ätzung geheilt werden können. Dora bestätigte mir bewußterweise zweierlei, daß sie selbst häufig an Magenkrämpfen gelitten und daß sie die Cousine mit guten Gründen für eine Masturbantin gehalten habe. Es ist bei den Kranken sehr gewöhnlich, daß sie einen Zusammenhang bei anderen erkennen, dessen Erkenntnis ihnen bei der eigenen Person durch Gefühlswiderstände unmöglich wird. Sie leugnete auch nicht mehr, obwohl sie noch nichts erinnerte. Auch die Zeitbestimmung des Bettnässens »bis kurz vor dem Auftreten des nervösen Asthmas« halte ich für klinisch verwertbar. Die hysterischen Symptome treten fast niemals auf, solange die Kinder masturbieren, sondern erst in der Abstinenz[1], sie drücken einen Ersatz für die masturbatorische Befriedigung aus, nach der das Verlangen im Unbewußten erhalten bleibt, solange nicht andersartige, normalere Befriedigung eintritt, wo diese noch möglich geblieben ist. Letztere Bedingung ist die Wende für mögliche Heilung der Hysterie durch Ehe und normalen Geschlechtsverkehr. Wird die Befriedigung in der Ehe wieder aufgehoben, etwa durch Coitus interruptus, psychische Entfremdung u. dgl., so sucht die Libido ihr altes Strombett wieder auf und äußert sich wiederum in hysterischen Symptomen.

Ich möchte gerne noch die sichere Auskunft anfügen, wann und durch welchen besonderen Einfluß die Masturbation bei Dora

---

1 Bei Erwachsenen gilt prinzipiell dasselbe, doch reicht hier auch relative Abstinenz, Einschränkung der Masturbation aus, so daß bei heftiger Libido Hysterie und Masturbation mitsammen vorkommen können.

unterdrückt wurde, aber die Unvollständigkeit der Analyse nötigt mich, hier lückenhaftes Material vorzubringen. Wir haben gehört, daß das Bettnässen bis nahe an die erste Erkrankung an Dyspnoe heranreichte. Nun war das einzige, was sie zur Aufklärung dieses ersten Zustandes anzugeben wußte, daß der Papa damals das erstemal nach seiner Besserung verreist gewesen sei. In diesem erhaltenen Stückchen Erinnerung mußte eine Beziehung zur Ätiologie der Dyspnoe angedeutet sein. Ich bekam nun durch Symptomhandlungen und andere Anzeichen guten Grund zur Annahme, daß das Kind, dessen Schlafzimmer sich neben dem der Eltern befand, einen nächtlichen Besuch des Vaters bei seiner Ehefrau belauscht und das Keuchen des ohnedies kurzatmigen Mannes beim Koitus gehört habe. Die Kinder ahnen in solchen Fällen das Sexuelle in dem unheimlichen Geräusche. Die Ausdrucksbewegungen für die sexuelle Erregung liegen ja als mitgeborene Mechanismen in ihnen bereit. Daß die Dyspnoe und das Herzklopfen der Hysterie und Angstneurose nur losgelöste Stücke aus der Koitusaktion sind, habe ich vor Jahren bereits ausgeführt, und in vielen Fällen, wie dem Doras, konnte ich das Symptom der Dyspnoe, des nervösen Asthmas, auf die gleiche Veranlassung, auf das Belauschen des sexuellen Verkehres Erwachsener, zurückführen. Unter dem Einflusse der damals gesetzten Miterregung konnte sehr wohl der Umschwung in der Sexualität der Kleinen eintreten, welcher die Masturbationsneigung durch die Neigung zur Angst ersetzte. Eine Weile später, als der Vater abwesend war und das verliebte Kind seiner sehnsüchtig gedachte, wiederholte sie dann den Eindruck als Asthmaanfall. Aus dem in der Erinnerung bewahrten Anlasse zu dieser Erkrankung läßt sich noch der angstvolle Gedankengang erraten, der den Anfall begleitete. Sie bekam ihn zuerst, nachdem sie sich auf einer Bergpartie überangestrengt, wahrscheinlich etwas reale Atemnot verspürt hatte. Zu dieser trat die Idee, daß dem Vater Bergsteigen verboten sei, daß er sich nicht überanstrengen dürfe, weil er kurzen Atem habe, dann die Erinnerung, wie sehr er sich in der Nacht bei der Mama angestrengt, ob ihm das nicht geschadet habe, dann die Sorge, ob sie sich nicht überangestrengt habe bei der gleichfalls zum sexuellen Orgasmus mit etwas Dyspnoe führenden Masturbation, und dann die verstärkte Wiederkehr dieser Dyspnoe als Symptom. Einen Teil dieses Materials konnte ich noch der Analyse entnehmen, den andern mußte ich ergänzen. Aus der Konstatierung der Masturbation haben wir ja gesehen, daß das Material für ein Thema erst stückweise zu verschiedenen Zeiten und in verschiedenen Zusammenhängen zusammengebracht wird.[1]

Es erheben sich nun eine Reihe der gewichtigsten Fragen zur Ätiologie der Hysterie, ob man den Fall Doras als typisch für die Ätiologie ansehen darf, ob er den einzigen Typus der Verursachung darstellt usw. Allein ich tue gewiß recht daran, die Beantwortung dieser Fragen erst auf die Mitteilung einer größeren Reihe von ähnlich analysierten Fällen warten zu lassen. Ich müßte überdies damit beginnen, die Fragestellung zurechtzurücken. Anstatt mich mit Ja oder Nein darüber zu äußern, ob die Ätiologie dieses Krankheitsfalles in der kindlichen Masturbation zu suchen ist, würde ich zunächst den Begriff der Ätiologie bei den Psychoneurosen zu erörtern haben.

---

1 In ganz ähnlicher Weise wird der Beweis der infantilen Masturbation auch in anderen Fällen hergestellt. Das Material dafür ist meist ähnlicher Natur: Hinweise auf Fluor albus, Bettnässen, Handzeremoniell (Waschzwang) u. dgl. Ob die Gewöhnung von einer Warteperson entdeckt worden ist oder nicht, ob ein Abgewöhnungskampf oder ein plötzlicher Umschwung diese Sexualbetätigung zum Ende geführt hat, läßt sich aus der Symptomatik des Falles jedesmal mit Sicherheit erraten. Bei Dora war die Masturbation unentdeckt geblieben und hatte mit einem Schlage ein Ende gefunden (Geheimnis, Angst vor Ärzten – Ersatz durch Dyspnoe). Die Kranken bestreiten zwar regelmäßig die Beweiskraft dieser Indizien und dies selbst dann, wenn die Erinnerung an den Katarrh oder an die Verwarnung der Mutter (»das mache dumm; es sei giftig«) in bewußter Erinnerung geblieben ist. Aber einige Zeit nachher stellt sich auch die so lange verdrängte Erinnerung an dieses Stück des kindlichen Sexuallebens mit Sicherheit, und zwar bei allen Fällen, ein. – Bei einer Patientin mit Zwangsvorstellungen, welche direkte Abkömmlinge der infantilen Masturbation waren, erwiesen sich die Züge des sich Verbietens, Bestrafens, wenn sie dies eine getan habe, dürfe sie das andere nicht, das Nicht-gestört-werden-Dürfen, das Pausen-Einschieben zwischen einer Verrichtung (mit den Händen) und einer nächsten, das Händewaschen usw. als unverändert erhaltene Stücke der Abgewöhnungsarbeit ihrer Pflegeperson. Die Warnung: »Pfui, das ist giftig!« war das einzige, was dem Gedächtnisse immer erhalten geblieben war. Vgl. hierzu noch meine »Drei Abhandlungen zur Sexualtheorie«, 1905; 5. Aufl. 1922 (in Bd. V dieser Gesamtausgabe [der *Gesammelten Werke*]).

Der Standpunkt, von dem aus ich antworten könnte, würde sich als wesentlich verschoben gegen den Standpunkt erweisen, von dem aus die Frage an mich gestellt wird. Genug, wenn wir für diesen Fall zur Überzeugung gelangen, daß hier Kindermasturbation nachweisbar ist, daß sie nichts Zufälliges und nichts für die Gestaltung des Krankheitsbildes Gleichgültiges sein kann.[1] Uns winkt ein weiteres Verständnis der Symptome bei Dora, wenn wir die Bedeutung des von ihr eingestandenen Fluor albus ins Auge fassen. Das Wort »Katarrh«, mit dem sie ihre Affektion bezeichnen lernte, als ein ähnliches Leiden der Mutter Franzensbad nötig machte, ist wiederum ein »Wechsel«, welcher der ganzen Reihe von Gedanken über die Krankheitsverschuldung des Papas den Zugang zur Äußerung in dem Symptom des Hustens öffneten. Dieser Husten, der gewiß ursprünglich von einem geringfügigen realen Katarrh herstammte, war ohnedies Nachahmung des auch mit einem Lungenleiden behafteten Vaters und konnte ihrem Mitleid und ihrer Sorge für ihn Ausdruck geben. Außerdem aber rief er gleichsam in die Welt hinaus, was ihr damals vielleicht noch nicht bewußt geworden war: »Ich bin die Tochter von Papa. Ich habe einen Katarrh wie er. Er hat mich krank gemacht, wie er die Mama krank gemacht hat. Von ihm habe ich die bösen Leidenschaften, die sich durch Krankheit strafen.«[2]

---

1 Mit der Angewöhnung der Masturbation muß der Bruder in irgendwelcher Verbindung sein, denn in diesem Zusammenhang erzählte sie mit dem Nachdrucke, der eine »Deckerinnerung« verrät, daß der Bruder ihr regelmäßig alle Ansteckungen zugetragen, die er selbst leicht, sie aber schwer durchgemacht. Der Bruder wird auch im Traume vor dem »Zugrundegehen« behütet; er hat selbst an Bettnässen gelitten, aber noch vor der Schwester damit aufgehört. In gewissem Sinne war es auch eine »Deckerinnerung«, wenn sie aussprach, bis zu der ersten Krankheit habe sie mit dem Bruder Schritt halten können, von da an sei sie im Lernen gegen ihn zurückgeblieben. Als wäre sie bis dahin ein Bub gewesen, dann erst mädchenhaft geworden. Sie war wirklich ein wildes Ding, vom »Asthma« an wurde sie still und sittig. Diese Erkrankung bildete bei ihr die Grenze zwischen zwei Phasen des Geschlechtslebens, von denen die erste männlichen, die spätere weiblichen Charakter hatte.

2 Die nämliche Rolle spielte das Wort [»Katarrh«] bei dem 14jährigen Mädchen, dessen Krankengeschichte ich auf Seite 26 f., Anm., in einige Zeilen zusammen-

Wir können nun den Versuch machen, die verschiedenen Determinierungen, die wir für die Anfälle von Husten und Heiserkeit gefunden haben, zusammenzustellen. Zuunterst in der Schichtung ist ein realer, organisch bedingter Hustenreiz anzunehmen, das Sandkorn also, um welches das Muscheltier die Perle bildet. Dieser Reiz ist fixierbar, weil er eine Körperregion betrifft, welche die Bedeutung einer erogenen Zone bei dem Mädchen in hohem Grade bewahrt hat. Er ist also geeignet dazu, der erregten Libido Ausdruck zu geben. Er wird fixiert durch die wahrscheinlich erste psychische Umkleidung, die Mitleidsimitation für den kranken Vater, und dann durch die Selbstvorwürfe wegen des »Katarrhs«. Dieselbe Symptomgruppe zeigt sich ferner fähig, die Beziehungen zu Herrn K. darzustellen, seine Abwesenheit zu bedauern und den Wunsch auszudrücken, ihm eine bessere Frau zu sein. Nachdem ein Teil der Libido sich wieder dem Vater zugewendet, gewinnt das Symptom seine vielleicht letzte Bedeutung zur Darstellung des sexuellen Verkehres mit dem Vater in der Identifizierung mit Frau K. Ich möchte dafür bürgen, daß diese Reihe keineswegs vollständig ist. Leider ist die unvollständige Analyse nicht imstande, dem Wechsel der Bedeutung zeitlich zu folgen, die Reihenfolge und die Koexistenz verschiedener Bedeutungen klarzulegen. An eine vollständige darf man diese Forderungen stellen.

Ich darf nun nicht versäumen, auf weitere Beziehungen des Genitalkatarrhs zu den hysterischen Symptomen Doras einzugehen. Zu Zeiten, als eine psychische Aufklärung der Hysterie noch in weiter Ferne lag, hörte ich ältere, erfahrene Kollegen behaupten, daß bei den hysterischen Patientinnen mit Fluor eine Verschlimmerung des

---

gedrängt habe. Ich hatte das Kind mit einer intelligenten Dame, die mir die Dienste einer Wärterin leistete, in einer Pension installiert. Die Dame berichtete mir, daß die kleine Patientin ihre Gegenwart beim Zubettegehen nicht dulde und daß sie im Bette auffällig huste, wovon tagsüber nichts zu hören war. Der Kleinen fiel, als sie über diese Symptome befragt wurde, nur ein, daß ihre Großmutter so huste, von der man sage, sie habe einen Katarrh. Es war dann klar, daß auch sie einen Katarrh habe und daß sie bei der abends vorgenommenen Reinigung nicht bemerkt werden wolle. Der Katarrh, der mittels dieses Wortes *von unten nach oben* geschoben worden war, zeigte sogar eine nicht gewöhnliche Intensität.

Katarrhs regelmäßig eine Verschärfung der hysterischen Leiden, besonders der Eßunlust und des Erbrechens nach sich ziehe. Über den Zusammenhang war niemand recht klar, aber ich glaube, man neigte zur Anschauung der Gynäkologen hin, die bekanntlich einen direkten und organisch störenden Einfluß von Genitalaffektionen auf die nervösen Funktionen im breitesten Ausmaße annehmen, wobei uns die therapeutische Probe auf die Rechnung zu allermeist im Stich läßt. Bei dem heutigen Stande unserer Einsicht kann man einen solchen direkten und organischen Einfluß auch nicht für ausgeschlossen erklären, aber leichter nachweisbar ist jedenfalls dessen psychische Umkleidung. Der Stolz auf die Gestaltung der Genitalien ist bei unseren Frauen ein ganz besonderes Stück ihrer Eitelkeit; Affektionen derselben, welche für geeignet gehalten werden, Abneigung oder selbst Ekel einzuflößen, wirken in ganz unglaublicher Weise kränkend, das Selbstgefühl herabsetzend, machen reizbar, empfindlich und mißtrauisch. Die abnorme Sekretion der Scheidenschleimhaut wird als ekelerregend angesehen.

Erinnern wir uns, daß bei Dora nach dem Kusse des Herrn K. eine lebhafte Ekelempfindung eintrat und daß wir Grund fanden, uns ihre Erzählung dieser Kußszene dahin zu vervollständigen, daß sie den Druck des erigierten Gliedes gegen ihren Leib in der Umarmung verspürte. Wir erfahren nun ferner, daß dieselbe Gouvernante, welche sie wegen ihrer Untreue von sich gestoßen hatte, ihr aus eigener Lebenserfahrung vorgetragen hatte, alle Männer seien leichtsinnig und unverläßlich. Für Dora mußte das heißen, alle Männer seien wie der Papa. Ihren Vater hielt sie aber für geschlechtskrank, hatte er doch diese Krankheit auf sie und auf die Mutter übertragen. Sie konnte sich also vorstellen, alle Männer seien geschlechtskrank, und ihr Begriff von Geschlechtskrankheit war natürlich nach ihrer einzigen und dazu persönlichen Erfahrung gebildet. Geschlechtskrank hieß ihr also mit einem ekelhaften Ausflusse behaftet – ob dies nicht eine weitere Motivierung des Ekels war, den sie im Moment der Umarmung empfand? Dieser auf die Berührung des Mannes übertragene Ekel wäre dann ein nach dem erwähnten primitiven Mechanismus (siehe Seite 37) projizierter, der sich in letzter Linie auf ihren eigenen Fluor bezog.

Ich vermute, daß es sich hiebei um unbewußte Gedankengänge handelt, welche über vorgebildete organische Zusammenhänge gezogen sind, etwa wie Blumenfestons über Drahtgewinde, so daß man ein andermal andere Gedankenwege zwischen den nämlichen Ausgangs- und Endpunkten eingeschaltet finden kann. Doch ist die Kenntnis der im einzelnen wirksam gewesenen Gedankenverbindungen für die Lösung der Symptome von unersetzlichem Werte. Daß wir im Falle Doras zu Vermutungen und Ergänzungen greifen müssen, ist nur durch den vorzeitigen Abbruch der Analyse begründet. Was ich zur Ausfüllung der Lücken vorbringe, lehnt sich durchweg an andere, gründlich analysierte Fälle an.

Der Traum, durch dessen Analyse wir die vorstehenden Aufschlüsse gewonnen haben, entspricht, wie wir fanden, einem Vorsatze, den Dora in den Schlaf mitnimmt. Er wird darum jede Nacht wiederholt, bis der Vorsatz erfüllt ist, und er tritt Jahre später wieder auf, sowie sich ein Anlaß ergibt, einen analogen Vorsatz zu fassen. Der Vorsatz läßt sich bewußt etwa folgendermaßen aussprechen: Fort aus diesem Hause, in dem, wie ich gesehen habe, meiner Jungfräulichkeit Gefahr droht, ich reise mit dem Papa ab, und morgens bei der Toilette will ich meine Vorsichten treffen, nicht überrascht zu werden. Diese Gedanken finden ihren deutlichen Ausdruck im Traume; sie gehören einer Strömung an, die im Wachleben zum Bewußtsein und zur Herrschaft gelangt ist. Hinter ihnen läßt sich ein dunkler vertretener Gedankenzug erraten, welcher der gegenteiligen Strömung entspricht und darum der Unterdrückung verfallen ist. Er gipfelt in der Versuchung, sich dem Manne zum Danke für die ihr in den letzten Jahren bewiesene Liebe und Zärtlichkeit hinzugeben, und ruft vielleicht die Erinnerung an den einzigen Kuß auf, den sie bisher von ihm empfangen hat. Aber nach der in meiner Traumdeutung entwickelten Theorie reichen solche Elemente nicht hin, um einen Traum zu bilden. Ein Traum sei kein Vorsatz, der als ausgeführt, sondern ein Wunsch, der als erfüllt dargestellt wird, und zwar womöglich ein Wunsch aus dem Kinderleben. Wir haben die Verpflichtung zu prüfen, ob dieser Satz nicht durch unseren Traum widerlegt wird.

Der Traum enthält in der Tat infantiles Material, welches in keiner auf den ersten Blick ergründbaren Beziehung zum Vorsatze steht, das Haus des Herrn K. und die von ihm ausgehende Versuchung zu fliehen. Wozu taucht wohl die Erinnerung an das Bettnässen als Kind und an die Mühe auf, die sich der Vater damals gab, das Kind rein zu gewöhnen? Man kann darauf die Antwort geben, weil es nur mit Hilfe dieses Gedankenzuges möglich ist, die intensiven Versuchungsgedanken zu unterdrücken und den gegen sie gefaßten Vorsatz zur Herrschaft zu bringen. Das Kind beschließt, *mit* seinem Vater zu flüchten; in Wirklichkeit flüchtet es sich in der Angst vor dem ihm nachstellenden Manne *zu* seinem Vater; es ruft eine infantile Neigung zum Vater wach, die es gegen die rezente zu dem Fremden schützen soll. An der gegenwärtigen Gefahr ist der Vater selbst mitschuldig, der sie wegen eigener Liebesinteressen dem fremden Manne ausgeliefert hat. Wie viel schöner war es doch, als derselbe Vater niemanden anderen lieber hatte als sie und sich bemühte, sie vor den Gefahren, die sie damals bedrohten, zu retten. Der infantile und heute unbewußte Wunsch, den Vater an die Stelle des fremden Mannes zu setzen, ist eine traumbildende Potenz. Wenn es eine Situation gegeben hat, die ähnlich einer der gegenwärtigen sich doch durch diese Personvertretung von ihr unterschied, so wird diese zur Hauptsituation des Trauminhaltes. Es gibt eine solche; geradeso wie am Vortage Herr K., stand einst der Vater vor ihrem Bette und weckte sie etwa mit einem Kusse, wie vielleicht Herr K. beabsichtigt hatte. Der Vorsatz, das Haus zu fliehen, ist also nicht an und für sich traumfähig, er wird es dadurch, daß sich ihm ein anderer, auf infantile Wünsche gestützter Vorsatz beigesellt. Der Wunsch, Herrn K. durch den Vater zu ersetzen, gibt die Triebkraft zum Traume ab. Ich erinnere an die Deutung, zu der mich der verstärkte, auf das Verhältnis des Vaters zu Frau K. bezügliche Gedankenzug nötigte, es sei hier eine infantile Neigung zum Vater wachgerufen worden, um die verdrängte Liebe zu Herrn K. in der Verdrängung erhalten zu können; diesen Umschwung im Seelenleben der Patientin spiegelt der Traum wider.

Über das Verhältnis zwischen den in den Schlaf sich fortsetzenden Wachgedanken – den Tagesresten – und dem unbewußten traumbildenden Wunsche habe ich in der »Traumdeutung« (S. 329, 8. Aufl.,

S. 383)[1] einige Bemerkungen niedergelegt, die ich hier unverändert zitieren werde, denn ich habe ihnen nichts hinzuzufügen, und die Analyse dieses Traumes von Dora beweist von neuem, daß es sich nicht anders verhält.

»Ich will zugeben, daß es eine ganze Klasse von Träumen gibt, zu denen die *Anregung* vorwiegend oder selbst ausschließlich aus den Resten des Tageslebens stammt, und ich meine, selbst mein Wunsch, endlich einmal Professor extraordinarius zu werden[2], hätte mich diese [jene] Nacht ruhig [in Ruhe] schlafen lassen können, wäre nicht die Sorge um die Gesundheit meines Freundes vom Tage her noch rührig gewesen. Aber diese Sorge hätte noch keinen Traum gemacht; die *Triebkraft*, die der Traum bedurfte, mußte von einem Wunsche beigesteuert werden; es war Sache der Besorgnis, sich einen solchen Wunsch als Triebkraft des Traumes zu verschaffen. Um es in einem Gleichnisse zu sagen: Es ist sehr wohl möglich, daß ein Tagesgedanke die Rolle des *Unternehmers* für den Traum spielt; aber der Unternehmer, der, wie man sagt, die Idee hat und den Drang, sie in Tat umzusetzen, kann doch ohne Kapital nichts machen; er braucht einen *Kapitalisten*, der den Aufwand bestreitet, und dieser Kapitalist, der den psychischen Aufwand für den Traum beistellt, ist allemal und unweigerlich, was immer auch der Tagesgedanke sein mag, *ein Wunsch aus dem Unbewußten*.«

Wer die Feinheit in der Struktur solcher Gebilde wie der Träume kennengelernt hat, wird nicht überrascht sein zu finden, daß der Wunsch, der Vater möge die Stelle des versuchenden Mannes einnehmen, nicht etwa beliebiges Kindheitsmaterial zur Erinnerung bringt, sondern gerade solches, das auch die intimsten Beziehungen zur Unterdrückung dieser Versuchung unterhält. Denn wenn Dora sich unfähig fühlt, der Liebe zu diesem Manne nachzugeben, wenn es zur Verdrängung dieser Liebe anstatt zur Hingebung kommt, so hängt diese Entscheidung mit keinem anderen Moment inniger zu-

---

1 [*Gesammelte Werke*, Bd. 2/3, S. 566; die im Text des nächsten Absatzes in eckigen Klammern eingefügten Wörter stehen in den *Ges. Werken* anstelle der hier zitierten.]

2 Dies bezieht sich auf die Analyse des dort [*Ges. Werke* Bd. 2/3, S. 276 ff.] zum Muster genommenen Traumes.

sammen als mit ihrem vorzeitigen Sexualgenusse und mit dessen Folgen, dem Bettnässen, dem Katarrh und dem Ekel. Eine solche Vorgeschichte kann je nach der Summation der konstitutionellen Bedingungen zweierlei Verhalten gegen die Liebesanforderung in reifer Zeit begründen, entweder die volle widerstandslose, ins Perverse greifende Hingebung an die Sexualität oder in der Reaktion die Ablehnung derselben unter neurotischer Erkrankung. Konstitution und die Höhe der intellektuellen und moralischen Erziehung hatten bei unserer Patientin für das letztere den Ausschlag gegeben.

Ich will noch besonders darauf aufmerksam machen, daß wir von der Analyse dieses Traumes aus den Zugang zu Einzelheiten der pathogen wirksamen Erlebnisse gefunden haben, die der Erinnerung oder wenigstens der Reproduktion sonst nicht zugänglich gewesen waren. Die Erinnerung an das Bettnässen der Kindheit war, wie sich ergab, bereits verdrängt. Die Einzelheiten der Nachstellung von seiten des Herrn K. hatte Dora niemals erwähnt, sie waren ihr nicht eingefallen.

Noch[1] einige Bemerkungen zur Synthese dieses Traumes. Die Traumarbeit nimmt ihren Anfang am Nachmittage des zweiten Tages nach der Szene im Walde, nachdem sie bemerkt, daß sie ihr Zimmer nicht mehr verschließen kann. Da sagt sie sich: Hier droht mir ernste Gefahr, und bildet den Vorsatz, nicht allein im Hause zu bleiben, sondern mit dem Papa abzureisen. Dieser Vorsatz wird traumbildungsfähig, weil er sich ins Unbewußte fortzusetzen vermag. Dort entspricht ihm, daß sie die infantile Liebe zum Vater als Schutz gegen die aktuelle Versuchung aufruft. Die Wendung, die sich dabei in ihr vollzieht, fixiert sich und führt sie auf den Standpunkt, den ihr *überwertiger* Gedankengang vertritt (Eifersucht gegen Frau K. wegen des Vaters, als ob sie in ihn verliebt wäre). Es kämpfen in ihr die Versuchung, dem werbenden Manne nachzugeben, und das zusammengesetzte Sträuben dagegen. Letzteres ist zusammengesetzt aus Motiven der Wohlanständigkeit und Besonnenheit, aus feindseligen

---

1 [In den *Gesammelten Werken* sind die folgenden Absätze bis zum Ende des Kapitels petit gedruckt. In den Ausgaben vor 1924 waren sie als Fußnote gesetzt.]

Regungen infolge der Eröffnung der Gouvernante (Eifersucht, gekränkter Stolz, siehe unten) und aus einem neurotischen Elemente, dem in ihr vorbereiteten Stücke Sexualabneigung, welches auf ihrer Kindergeschichte fußt. Die zum Schutze gegen die Versuchung wachgerufene Liebe zum Vater stammt aus dieser Kindergeschichte.

Der Traum verwandelt den im Unbewußten vertieften Vorsatz, sich zum Vater zu flüchten, in eine Situation, die den Wunsch, der Vater möge sie aus der Gefahr retten, erfüllt zeigt. Dabei ist ein im Wege stehender Gedanke beiseite zu schieben, der Vater ist es ja, der sie in diese Gefahr gebracht hat. Die hier unterdrückte feindselige Regung (Racheneigung) gegen den Vater werden wir als einen der Motoren des zweiten Traumes kennenlernen.

Nach den Bedingungen der Traumbildung wird die phantasierte Situation so gewählt, daß sie eine infantile Situation wiederholt. Ein besonderer Triumph ist es, wenn es gelingt, eine rezente, etwa gerade die Situation des Traumanlasses, in eine infantile zu verwandeln. Das gelingt hier durch reine Zufälligkeit des Materials. So wie Herr K. vor ihrem Lager gestanden und sie geweckt, so tat es oft in Kinderjahren der Vater. Ihre ganze Wendung läßt sich treffend symbolisieren, indem sie in dieser Situation Herrn K. durch den Vater ersetzt.

Der Vater weckte sie aber seinerzeit, damit sie das Bett nicht naß mache.

Dieses »Naß« wird bestimmend für den weiteren Trauminhalt, in welchem es aber nur durch eine entfernte Anspielung und durch seinen Gegensatz vertreten ist.

Der Gegensatz von »naß«, »Wasser« kann leicht »Feuer«, »Brennen«, sein. Die Zufälligkeit, daß der Vater bei der Ankunft an dem Orte [L.] Angst vor Feuersgefahr geäußert hatte, hilft mit, um zu entscheiden, daß die Gefahr, aus welcher der Vater sie rettet, eine Brandgefahr sei. Auf diesen Zufall und auf den Gegensatz zu »naß« stützt sich die gewählte Situation des Traumbildes: Es brennt, der Vater steht vor ihrem Bette, um sie zu wecken. Die zufällige Äußerung des Vaters gelangte wohl nicht zu dieser Bedeutung im Trauminhalte, wenn sie nicht so vortrefflich zu der siegreichen Gefühlsströmung stimmen würde, die in dem Vater durchaus den Helfer und Retter finden will. Er hat die Gefahr gleich bei der Ankunft geahnt, er hat recht gehabt! (In Wirklichkeit hatte er das Mädchen in diese Gefahr gebracht.)

In den Traumgedanken fällt dem »Naß« infolge leicht herstellbarer Beziehungen die Rolle eines Knotenpunktes für mehrere Vorstellungskreise zu. »Naß« gehört nicht allein dem Bettnässen an, sondern auch dem Kreise der sexuellen Versuchungsgedanken, die unterdrückt hinter diesem Trauminhalte stehen. Sie weiß, daß es auch ein Naßwerden beim sexuellen Verkehre gibt, daß der Mann dem Weib etwas Flüssiges in *Tropfenform* bei der Begattung schenkt. Sie weiß, daß gerade darin die Gefahr besteht, daß ihr die Aufgabe gestellt wird, das Genitale vor dem Benetztwerden zu hüten.

Mit »naß« und »Tropfen« erschließt sich gleichzeitig der andere Assoziationskreis, der des ekelhaften Katarrhs, der in ihren reiferen Jahren wohl die nämliche beschämende Bedeutung hat wie in der Kinderzeit das Bettnässen. »Naß« wird hier gleichbedeutend mit »verunreinigt«. Das Genitale, das reingehalten werden soll, ist ja schon durch den Katarrh verunreinigt, übrigens bei der Mama geradeso wie bei ihr (Seite 75). Sie scheint zu verstehen, daß die Reinlichkeitssucht der Mama die Reaktion gegen diese Verunreinigung ist.

Beide Kreise treffen in dem einen zusammen: Die Mama hat beides vom Papa bekommen, das sexuelle Naß und den verunreinigenden Fluor. Die Eifersucht gegen die Mama ist untrennbar von dem Gedankenkreise der hier zum Schutze aufgerufenen infantilen Liebe zum Vater. Aber darstellungsfähig ist dieses Material noch nicht. Läßt sich aber eine Erinnerung finden, die mit beiden Kreisen des »Naß« in ähnlich guter Beziehung steht, aber das Anstößige vermeidet, so wird diese die Vertretung im Trauminhalte übernehmen können.

Eine solche findet sich in der Begebenheit von den »Tropfen«, die sich die Mama als Schmuck gewünscht. Anscheinend ist die Verknüpfung dieser Reminiszenz mit den beiden Kreisen des sexuellen Naß und der Verunreinigung eine äußerliche, oberflächliche, durch die Worte vermittelt, denn »Tropfen« ist als »Wechsel«, als zweideutiges Wort verwendet, und »Schmuck« ist soviel als »rein«, ein etwas gezwungener Gegensatz zu »verunreinigt«. In Wirklichkeit sind die festesten inhaltlichen Verknüpfungen nachweisbar. Die Erinnerung stammt aus dem Material der infantil wurzelnden, aber weit fortgesetzten Eifersucht gegen die Mama. Über die beiden Wortbrücken kann alle Bedeutung, die an den Vorstellungen vom sexuellen Verkehre zwischen den Eltern, von der Fluorerkrankung und von der quälenden Reinmacherei der Mama haftet, auf die eine Reminiszenz von den »Schmucktropfen« übergeführt werden.

Doch muß noch eine weitere Verschiebung für den Trauminhalt Platz greifen. Nicht das dem ursprünglichen »Naß« nähere »Tropfen«, sondern das entferntere »Schmuck« gelangt zur Aufnahme in den Traum. Es hätte also heißen können, wenn dieses Element in die vorher fixierte Traumsituation eingefügt wird: Die Mama will noch ihren Schmuck retten. In der neuen Abänderung »Schmuckkästchen« macht sich nun nachträglich der Einfluß von Elementen aus dem unterliegenden Kreise der Versuchung durch Herrn K. geltend. Schmuck hat ihr Herr K. nicht geschenkt, wohl aber ein »Kästchen« dafür, die Vertretung all der Auszeichnungen und Zärtlichkeiten, für die sie jetzt dankbar sein sollte. Und das jetzt entstandene Kompositum »Schmuckkästchen« hat noch einen besonderen vertretenden Wert. Ist »Schmuckkästchen« nicht ein gebräuchliches Bild für das unbefleckte, unversehrte weibliche Genitale? Und anderseits ein harmloses Wort, also vortrefflich geeignet, die sexuellen Gedanken hinter dem Traum ebensosehr anzudeuten wie zu verstecken?

So heißt es also im Trauminhalte an zwei Stellen: »Schmuckkästchen der Mama«, und dies Element ersetzt die Erwähnung der infantilen Eifersucht, der Tropfen, also des sexuellen Nassen, der Verunreinigung durch den Fluor und anderseits der jetzt aktuellen Versuchungsgedanken, die auf Gegenliebe dringen und die bevorstehende – ersehnte und drohende – sexuelle Situation ausmalen. Das Element »Schmuckkästchen« ist wie kein anderes ein Verdichtungs- und Verschiebungsergebnis und ein Kompromiß gegensätzlicher Strömungen. Auf seine mehrfache Herkunft – aus infantiler wie aus aktueller Quelle – deutet wohl sein zweimaliges Auftreten im Trauminhalte.

Der Traum ist die Reaktion auf ein frisches, erregend wirkendes Erlebnis, welches notwendigerweise die Erinnerung an das einzige analoge Erlebnis früherer Jahre wecken muß. Dies ist die Szene mit dem Kusse im Laden, bei dem der Ekel auftrat. Dieselbe Szene ist aber assoziativ von anderswoher zugänglich, von dem Gedankenkreise des Katarrhs (vgl. S. 82) und von dem der aktuellen Versuchung aus. Sie liefert also einen eigenen Beitrag zum Trauminhalte, der sich der vorgebildeten Situation anpassen muß. Es brennt... der Kuß hat wohl nach Rauch geschmeckt, sie riecht also Rauch im Trauminhalte, der sich hier über das Erwachen fortsetzt.

In der Analyse dieses Traumes habe ich leider aus Unachtsamkeit eine Lücke gelassen. Dem Vater ist die Rede in den Mund gelegt: Ich will nicht, daß meine beiden Kinder usw. (hier ist wohl aus den Traumgedanken einzufügen: an den Folgen der Masturbation) zugrunde gehen. Solche Traumrede ist regelmäßig aus Stücken realer, gehaltener oder gehörter Rede zusammengesetzt. Ich hätte mich nach der realen Herkunft dieser Rede erkundigen sollen. Das Ergebnis dieser Nachfrage hätte den Aufbau des Traumes zwar verwickelter ergeben, aber dabei gewiß auch durchsichtiger erkennen lassen.

Soll man annehmen, daß dieser Traum damals in L. genau den nämlichen Inhalt gehabt hat wie bei seiner Wiederholung während der Kur? Es scheint nicht notwendig. Die Erfahrung zeigt, daß die Menschen häufig behaupten, sie hätten denselben Traum gehabt, während sich die einzelnen Erscheinungen des wiederkehrenden Traumes durch zahlreiche Details und sonst weitgehende Abänderungen unterscheiden. So berichtet eine meiner Patientinnen, sie habe heute wieder ihren stets in gleicher Weise wiederkehrenden Lieblingstraum gehabt, daß sie im blauen Meere schwimme, mit Genuß die Wogen teile usw. Nähere Nachforschung ergibt, daß auf dem gemeinsamen Untergrunde das eine Mal dies, das andere Mal jenes Detail aufgetragen ist; ja, einmal schwamm sie im Meere, während es gefroren war, mitten zwischen Eisbergen. Andere Träume, die sie selbst nicht mehr für die nämlichen auszugeben versucht, zeigen sich mit diesen wiederkehrenden innig verknüpft. Sie sieht z. B. nach einer Photographie gleichzeitig das Ober- und das Unterland von Helgoland in realen Dimensionen, auf dem Meere ein Schiff, in dem sich zwei Jugendbekannte von ihr befinden usw.

Sicher ist, daß der während der Kur vorfallende Traum Doras – vielleicht ohne seinen manifesten Inhalt zu ändern – eine neue aktuelle

Bedeutung gewonnen hatte. Er schloß unter seinen Traumgedanken eine Beziehung zu meiner Behandlung ein und entsprach einer Erneuerung des damaligen Vorsatzes, sich einer Gefahr zu entziehen. Wenn keine Erinnerungstäuschung von ihrer Seite im Spiele war, als sie behauptete, den Rauch nach dem Erwachen schon in L. verspürt zu haben, so ist anzuerkennen, daß sie meinen Ausspruch: »Wo Rauch ist, da ist Feuer« sehr geschickt unter die fertige Traumform gebracht, wo er zur Überdeterminierung des letzten Elementes verwendet erscheint. Ein unleugbarer Zufall war es, daß ihr der letzte aktuelle Anlaß, das Verschließen des Speisezimmers von seiten der Mutter, wodurch der Bruder in seinem Schlafraume eingeschlossen blieb, eine Anknüpfung an die Nachstellung des Herrn K. in L. brachte, wo ihr Entschluß zur Reife kam, als sie ihr Schlafzimmer nicht verschließen konnte. Vielleicht kam der Bruder in den damaligen Träumen nicht vor, so daß die Rede »meine beiden Kinder« erst nach dem letzten Anlasse in den Trauminhalt gelangte.

III
DER ZWEITE TRAUM

Wenige Wochen nach dem ersten fiel der zweite Traum vor, mit
dessen Erledigung die Analyse abbrach. Er ist nicht so voll durch-
sichtig zu machen wie der erste, brachte aber eine erwünschte Bestätigung einer notwendig gewordenen Annahme über den Seelenzustand der Patientin, füllte eine Gedächtnislücke aus und ließ einen
tiefen Einblick in die Entstehung eines anderen ihrer Symptome gewinnen.

Dora erzählte: *Ich gehe in einer Stadt, die ich nicht kenne, spazieren,
sehe Straßen und Plätze, die mir fremd sind.*[1] *Ich komme dann in ein
Haus, wo ich wohne, gehe auf mein Zimmer und finde dort einen
Brief der Mama liegen. Sie schreibt: Da ich ohne Wissen der Eltern
vom Hause fort bin, wollte sie mir nicht schreiben, daß der Papa
erkrankt ist. Jetzt ist er gestorben, und wenn Du willst*[2]*, kannst Du
kommen. Ich gehe nun zum Bahnhofe und frage etwa 100mal: Wo
ist der Bahnhof? Ich bekomme immer die Antwort: Fünf Minuten.
Ich sehe dann einen dichten Wald vor mir, in den ich hineingehe,
und frage dort einen Mann, dem ich begegne. Er sagt mir: Noch 2½
Stunden.*[3] *Er bietet mir an, mich zu begleiten. Ich lehne ab und gehe
allein. Ich sehe den Bahnhof vor mir und kann ihn nicht erreichen.
Dabei ist das gewöhnliche Angstgefühl, wenn man im Traume nicht
weiterkommt. Dann bin ich zu Hause, dazwischen muß ich gefahren sein, davon weiß ich aber nichts. – Trete in die Portierloge und
frage ihn nach unserer Wohnung. Das Dienstmädchen öffnet mir
und antwortet: Die Mama und die anderen sind schon auf dem
Friedhofe.*[4]

---

1 Hierzu der wichtige Nachtrag: *Auf einem der Plätze sehe ich ein Monument.*

2 Dazu der Nachtrag: *Bei diesem Worte stand ein Fragezeichen: willst?*

3 Ein zweites Mal wiederholt sie: *2 Stunden.*

4 Dazu in der nächsten Stunde zwei Nachträge: *Ich sehe mich besonders deutlich
die Treppe hinaufgehen,* und: *Nach ihrer Antwort gehe ich, aber gar nicht
traurig, auf mein Zimmer und lese in einem großen Buche, das auf meinem
Schreibtische liegt.*

Die Deutung dieses Traumes ging nicht ohne Schwierigkeiten vor sich. Infolge der eigentümlichen, mit seinem Inhalte verknüpften Umstände, unter denen wir abbrachen, ist nicht alles geklärt worden, und damit hängt wieder zusammen, daß meine Erinnerung die Reihenfolge der Erschließungen nicht überall gleich sicher bewahrt hat. Ich schicke noch voraus, welches Thema der fortlaufenden Analyse unterlag, als sich der Traum einmengte. Dora warf seit einiger Zeit selbst Fragen über den Zusammenhang ihrer Handlungen mit den zu vermutenden Motiven auf. Eine dieser Fragen war: Warum habe ich die ersten Tage nach der Szene am See noch darüber geschwiegen? Die zweite: Warum habe ich dann plötzlich den Eltern davon erzählt? Ich fand es überhaupt noch der Erklärung bedürftig, daß sie sich durch die Werbung K.s so schwer gekränkt gefühlt, zumal da mir die Einsicht aufzugehen begann, daß die Werbung um Dora auch für Herrn K. keinen leichtsinnigen Verführungsversuch bedeutet hatte. Daß sie von dem Vorfalle ihre Eltern in Kenntnis gesetzt, legte ich als eine Handlung aus, die bereits unter dem Einflusse krankhafter Rachsucht stand. Ein normales Mädchen wird, so sollte ich meinen, allein mit solchen Angelegenheiten fertig.

Ich werde also das Material, welches sich zur Analyse dieses Traumes einstellte, in der ziemlich bunten Ordnung, die sich in meiner Reproduktion ergibt, vorbringen.

Sie irrt allein in einer fremden Stadt, sieht Straßen und Plätze. Sie versichert, es war gewiß nicht B., worauf ich zuerst geraten hatte, sondern eine Stadt, in der sie nie gewesen war. Es lag nahe, fortzusetzen: Sie können ja Bilder oder Photographien gesehen haben, denen Sie die Traumbilder entnehmen. Nach dieser Bemerkung stellte sich der Nachtrag von dem Monumente auf einem Platze ein und dann sofort die Kenntnis der Quelle. Sie hatte zu den Weihnachtsfeiertagen ein Album mit Stadtansichten aus einem deutschen Kurorte bekommen und dasselbe gerade gestern hervorgesucht, um es den Verwandten, die bei ihnen zu Gast waren, zu zeigen. Es lag in einer Bilderschachtel, die sich nicht gleich vorfand, und sie fragte die Mama: *Wo ist die Schachtel?*[1] Eines der Bilder zeigte einen Platz mit

---

1 Im Traume fragt sie: *Wo ist der Bahnhof?* Aus dieser Annäherung zog ich einen Schluß, den ich später entwickeln werde.

94

einem Monumente. Der Spender aber war ein junger Ingenieur, dessen flüchtige Bekanntschaft sie einst in der Fabrikstadt gemacht hatte. Der junge Mann hatte eine Stellung in Deutschland angenommen, um rascher zur Selbständigkeit zu kommen, benützte jede Gelegenheit, um sich in Erinnerung zu bringen, und es war leicht zu erraten, daß er vorhabe, seinerzeit, wenn sich seine Position gebessert, mit einer Werbung um Dora hervorzutreten. Aber das brauchte noch Zeit, da hieß es warten.

Das Umherwandern in einer fremden Stadt war überdeterminiert. Es führte zu einem der Tagesanlässe. Zu den Feiertagen war ein jugendlicher Cousin auf Besuch gekommen, dem sie jetzt die Stadt Wien zeigen mußte. Dieser Tagesanlaß war freilich ein höchst indifferenter. Der Vetter erinnerte sie aber an einen kurzen ersten Aufenthalt in Dresden. Damals wanderte sie als Fremde herum, versäumte natürlich nicht, die berühmte Galerie zu besuchen. Ein anderer Vetter, der mit ihnen war und Dresden kannte, wollte den Führer durch die Galerie machen. *Aber sie wies ihn ab und ging allein*, blieb vor den Bildern stehen, die ihr gefielen. Vor der Sixtina verweilte sie *zwei Stunden* lang in still träumender Bewunderung. Auf die Frage, was ihr an dem Bilde so sehr gefallen, wußte sie nichts Klares zu antworten. Endlich sagte sie: Die Madonna.

Daß diese Einfälle wirklich dem traumbildenden Material angehören, ist doch gewiß. Sie schließen Bestandteile ein, die wir unverändert im Trauminhalte wiederfinden (sie wies ihn ab und ging allein – zwei Stunden). Ich merke bereits, daß »Bilder« einem Knotenpunkte in dem Gewebe der Traumgedanken entsprechen (die Bilder im Album – die Bilder in Dresden). Auch das Thema der *Madonna*, der jungfräulichen Mutter, möchte ich für weitere Verfolgung herausgreifen. Vor allem aber sehe ich, daß sie sich in diesem ersten Teile des Traumes mit einem jungen Manne identifiziert. Er irrt in der Fremde herum, er bestrebt sich, ein Ziel zu erreichen, aber er wird hingehalten, er braucht Geduld, er muß warten. Wenn sie dabei an den Ingenieur dachte, so hätte es gestimmt, daß dieses Ziel der Besitz eines Weibes, ihrer eigenen Person, sein sollte. Anstatt dessen war es ein – Bahnhof, für den wir allerdings nach dem Verhältnisse der Frage im Traume zu der wirklich getanen Frage eine *Schachtel* einsetzen dürfen. Eine Schachtel und ein Weib, das geht schon besser zusammen.

Sie fragt wohl hundertmal… Das führt zu einer anderen, minder indifferenten Veranlassung des Traumes. Gestern abends nach der Gesellschaft bat sie der Vater, ihm den Cognac zu holen; er schlafe nicht, wenn er nicht vorher Cognac getrunken. Sie verlangte den Schlüssel zum Speisekasten von der Mutter, aber die war in ein Gespräch verwickelt und gab ihr keine Antwort, bis sie mit der ungeduldigen Übertreibung herausfuhr: Jetzt habe ich dich schon *hundertmal* gefragt, wo der Schlüssel ist. In Wirklichkeit hatte sie die Frage natürlich nur etwa *fünfmal wiederholt*.[1]

Wo ist der Schlüssel? scheint mir das männliche Gegenstück zur Frage: Wo ist die Schachtel? (siehe den ersten Traum, Seite 66). Es sind also Fragen – nach den Genitalien.

In derselben Versammlung Verwandter hatte jemand einen Trinkspruch auf den Papa gehalten und die Hoffnung ausgesprochen, daß er noch lange in bester Gesundheit usw. Dabei hatte es so eigentümlich in den müden Mienen des Vaters gezuckt, und sie hatte verstanden, welche Gedanken er zu unterdrücken hatte. Der arme kranke Mann! Wer konnte wissen, wie lange Lebensdauer ihm noch beschieden war.

Damit sind wir beim *Inhalte des Briefes* im Traume angelangt. Der Vater war gestorben, sie hatte sich eigenmächtig vom Haus entfernt. Ich mahnte sie bei dem Briefe im Traume sofort an den Abschiedsbrief, den sie den Eltern geschrieben oder wenigstens für die Eltern aufgesetzt hatte. Dieser Brief war bestimmt, den Vater in Schrecken zu versetzen, damit er von Frau K. ablasse, oder wenigstens an ihm Rache zu nehmen, wenn er dazu nicht zu bewegen sei. Wir stehen beim Thema ihres Todes und beim Tode ihres Vaters (*Friedhof* später im Traume). Gehen wir irre, wenn wir annehmen, daß die Situation, welche die Fassade des Traumes bildet, einer Rachephantasie

---

1 Im Trauminhalte steht die Zahl fünf bei der Zeitangabe: 5 Minuten. In meinem Buche über die Traumdeutung habe ich an mehreren Beispielen gezeigt, wie in den Traumgedanken vorkommende Zahlen vom Traume behandelt werden; man findet sie häufig aus ihren Beziehungen gerissen und in neue Zusammenhänge eingetragen.

gegen den Vater entspricht? Die mitleidigen Gedanken vom Tage vorher würden gut dazu stimmen. Die Phantasie aber lautete: Sie ginge von Haus weg in die Fremde, und dem Vater würde aus Kummer darüber, vor Sehnsucht nach ihr das Herz brechen. Dann wäre sie gerächt. Sie verstand ja sehr gut, was dem Vater fehlte, der jetzt nicht ohne Cognac schlafen konnte.[1]

Wir wollen uns die *Rachsucht* als ein neues Element für eine spätere Synthese der Traumgedanken merken.

Der Inhalt des Briefes mußte aber weitere Determinierung zulassen. Woher stammte der Zusatz: *Wenn Du willst?*

Da fiel ihr der Nachtrag ein, daß hinter dem Worte »willst« ein Fragezeichen gestanden hatte, und damit erkannte sie auch diese Worte als Zitat aus dem Briefe der Frau K., welcher die Einladung nach L. (am See) enthalten hatte. In ganz auffälliger Weise stand in diesem Briefe nach der Einschaltung: »wenn Du kommen willst?« mitten im Gefüge des Satzes ein Fragezeichen.

Da wären wir also wieder bei der Szene am See und bei den Rätseln, die sich an sie knüpften. Ich bat sie, mir diese Szene einmal ausführlich zu erzählen. Sie brachte zuerst nicht viel Neues. Herr K. hatte eine einigermaßen ernsthafte Einleitung vorgebracht; sie ließ ihn aber nicht ausreden. Sobald sie nur verstanden hatte, um was es sich handle, schlug sie ihm ins Gesicht und eilte davon. Ich wollte wissen, welche Worte er gebraucht; sie erinnert sich nur an seine Begründung: »Sie wissen, ich habe nichts an meiner Frau.«[2] Sie wollte dann, um nicht mehr mit ihm zusammenzutreffen, den Weg nach L. zu Fuß um den See machen und *fragte einen Mann, der ihr begegnete, wie weit sie dahin habe.* Auf seine Antwort: »2½ Stunden« gab sie diese Absicht auf und suchte doch wieder das Schiff auf, das bald nachher abfuhr. Herr K. war auch wieder da, näherte sich ihr, bat sie, ihn zu entschuldigen und nichts von dem Vorfalle zu erzählen. Sie gab aber keine Antwort. – Ja, der *Wald* im Traume war ganz

---

1 Die sexuelle Befriedigung ist unzweifelhaft das beste Schlafmittel, so wie Schlaflosigkeit zu allermeist die Folge der Unbefriedigung ist. Der Vater schlief nicht, weil ihm der Verkehr mit der geliebten Frau fehlte. Vgl. hierzu das unten Folgende: Ich habe nichts an meiner Frau.

2 Diese Worte werden zur Lösung eines unserer Rätsel führen.

ähnlich dem Walde am Seeufer, in dem sich die eben von neuem beschriebene Szene abgespielt hatte. Genau den nämlichen dichten Wald hatte sie aber gestern auf einem Gemälde in der Sezessionsausstellung gesehen. Im Hintergrunde des Bildes sah man *Nymphen*.[1]

Jetzt wurde ein Verdacht bei mir zur Gewißheit. *Bahnhof*[2] und *Friedhof*, an Stelle von weiblichen Genitalien, war auffällig genug, hatte aber meine geschärfte Aufmerksamkeit auf das ähnlich gebildete *»Vorhof«* gelenkt, einen anatomischen Terminus für eine bestimmte Region der weiblichen Genitalien. Aber das konnte ein witziger Irrtum sein. Nun, da die »Nymphen« dazukamen, die man im Hintergrunde des »dichten Waldes« sieht, war ein Zweifel nicht mehr gestattet. Das war symbolische Sexualgeographie! Nymphen nennt man, wie nicht dem Ärzte, aber nicht dem Laien bekannt, wie übrigens auch ersterem nicht sehr gebräuchlich, die kleinen Labien im Hintergrunde des »dichten Waldes« von Schamhaaren. Wer aber solche technische Namen wie »Vorhof« und »Nymphen« gebrauchte, der mußte seine Kenntnis aus Büchern geschöpft haben, und zwar nicht aus populären, sondern aus anatomischen Lehrbüchern oder aus einem Konversationslexikon, der gewöhnlichen Zuflucht der von sexueller Neugierde verzehrten Jugend. Hinter der ersten Situation des Traumes verbarg sich also, wenn diese Deutung richtig war, eine Deflorationsphantasie, wie ein Mann sich bemüht, ins weibliche Genitale einzudringen.[3]

---

1 Hier zum drittenmal: Bild (Städtebilder, Galerie in Dresden), aber in weit bedeutsamerer Verknüpfung. Durch das, was man an dem Bilde sieht, wird es zum *Weibsbilde* (Wald, Nymphen).

2 Der »Bahnhof« dient übrigens dem »Verkehre«. Die psychische Umkleidung mancher Eisenbahnangst.

3 Die Deflorationsphantasie ist der zweite Bestandteil dieser Situation. Die Hervorhebung der Schwierigkeit im Vorwärtskommen und die im Traume empfundene Angst weisen auf die gerne betonte Jungfräulichkeit, die wir an anderer Stelle durch die »Sixtina« angedeutet finden. Diese sexuellen Gedanken ergeben eine unbewußte Untermalung für die vielleicht nur geheimgehaltenen Wünsche, die sich mit dem wartenden Bewerber in Deutschland beschäftigen. Als ersten Bestandteil derselben Traumsituation haben wir die Rachephantasie

Ich teilte ihr meine Schlüsse mit. Der Eindruck muß zwingend gewesen sein, denn es kam sofort ein vergessenes Stückchen des Traumes nach: *Daß sie ruhig*[1] *auf ihr Zimmer geht und in einem großen Buch liest, welches auf ihrem Schreibtische liegt.* Der Nachdruck liegt hier auf den beiden Details: ruhig und groß bei Buch. Ich fragte: War es Lexikonformat? Sie bejahte. Nun lesen Kinder über verbotene Materien niemals *ruhig* im Lexikon nach. Sie zittern und bangen dabei und schauen sich ängstlich um, ob wohl jemand kommt. Die Eltern sind bei solcher Lektüre sehr im Wege. Aber die wunscherfüllende Kraft des Traumes hatte die unbehagliche Situation gründlich verbessert. Der Vater war tot und die anderen schon auf den Friedhof gefahren. Sie konnte ruhig lesen, was ihr beliebte. Sollte das nicht heißen, daß einer ihrer Gründe zur Rache auch die Auflehnung gegen den Zwang der Eltern war? Wenn der Vater tot war, dann konnte sie lesen oder lieben, wie sie wollte. Zunächst wollte sie sich nun nicht erinnern, daß sie je im Konversationslexikon gelesen, dann gab sie zu, daß eine solche Erinnerung in ihr auftauchte, freilich harmlosen Inhaltes. Zur Zeit, als die geliebte Tante so schwer krank und ihre Reise nach Wien schon beschlossen war, kam von einem anderen Onkel ein *Brief*, sie könnten nicht nach Wien reisen, ein Kind, also ein Vetter Doras, sei gefährlich an Blinddarmentzündung erkrankt. Damals las sie im Lexikon nach, welches die Symptome einer Blinddarmentzündung seien. Von dem, was sie gelesen, erinnert sie noch den charakteristisch lokalisierten Schmerz im Leibe.

Nun erinnerte ich, daß sie kurz nach dem Tode der Tante eine an-

kennengelernt, die beiden decken einander nicht völlig, sondern nur partiell; die Spuren eines noch bedeutsameren dritten Gedankenzuges werden wir später finden.

1 Ein andermal hatte sie anstatt »ruhig« gesagt »gar nicht traurig« (S. 93 [Anm. 4]). Ich kann diesen Traum als neuen Beweis für die Richtigkeit einer in der Traumdeutung (S. 299 u. ff., 8. Aufl., S. 354 [*Gesammelte Werke*, Bd. 2/3, S. 516 ff.]) enthaltenen Behauptung verwerten, daß die zuerst vergessenen und nachträglich erinnerten Traumstücke stets die für das Verständnis des Traumes wichtigsten sind. Ich ziehe dort den Schluß, daß auch das Vergessen der Träume die Erklärung durch den innerpsychischen Widerstand fordert. [Der erste Satz dieser Fußnote wurde 1924 hinzugefügt.]

gebliche Blinddarmentzündung in Wien durchgemacht. Ich hatte mich bisher nicht getraut, diese Erkrankung zu ihren hysterischen Leistungen zu rechnen. Sie erzählte, daß sie die ersten Tage hoch gefiebert und denselben Schmerz im Unterleibe verspürt, von dem sie im Lexikon gelesen. Sie habe kalte Umschläge bekommen, sie aber nicht vertragen; am zweiten Tage sei unter heftigen Schmerzen die seit ihrem Kranksein sehr unregelmäßige Periode eingetreten. An Stuhlverstopfung habe sie damals konstant gelitten.

Es ging nicht recht an, diesen Zustand als einen rein hysterischen aufzufassen. Wenn auch hysterisches Fieber unzweifelhaft vorkommt, so schien es doch willkürlich, das Fieber dieser fraglichen Erkrankung auf Hysterie anstatt auf eine organische, damals wirksame Ursache zu beziehen. Ich wollte die Spur wieder aufgeben, als sie selbst weiterhalf, indem sie den letzten Nachtrag zum Traume brachte: *Sie sehe sich besonders deutlich die Treppe hinaufgehen.*

Dafür verlangte ich natürlich eine besondere Determinierung. Ihren wohl nicht ernsthaft gemeinten Einwand, daß sie ja die Treppe hinaufgehen müsse, wenn sie in ihre im Stocke gelegene Wohnung wolle, konnte ich leicht mit der Bemerkung abweisen, wenn sie im Traume von der fremden Stadt nach Wien reisen und dabei die Eisenbahnfahrt übergehen könne, so dürfe sie sich auch über die Stufen der Treppe im Traume hinwegsetzen. Sie erzählte dann weiter: Nach der Blinddarmentzündung habe sie schlecht gehen können, weil sie den rechten Fuß nachgezogen. Das sei lange so geblieben, und sie hätte darum besonders Treppen gerne vermieden. Noch jetzt bleibe der Fuß manchmal zurück. Die Ärzte, die sie auf Verlangen des Vaters konsultierte, hätten sich über diesen ganz ungewöhnlichen Rest nach einer Blinddarmentzündung sehr verwundert, besonders da der Schmerz im Leibe nicht wieder aufgetreten sei und keineswegs das Nachziehen des Fußes begleitete.[1]

---

1 Zwischen der »Ovarie« benannten Schmerzhaftigkeit im Abdomen und der Gehstörung des gleichseitigen Beines ist ein somatischer Zusammenhang anzunehmen, der hier bei Dora eine besonders spezialisierte Deutung, d. h. psychische Überlagerung und Verwertung erfährt. Vgl. die analoge Bemerkung bei der Analyse der Hustensymptome und des Zusammenhanges von Katarrh und Eßunlust.

Das war also ein richtiges hysterisches Symptom. Mochte auch das Fieber damals organisch bedingt gewesen sein – etwa durch eine der so häufigen Influenza-Erkrankungen ohne besondere Lokalisation – so war doch sichergestellt, daß sich die Neurose des Zufalles bemächtigte, um ihn für eine ihrer Äußerungen zu verwerten. Sie hatte sich also eine Krankheit angeschafft, über die sie im Lexikon nachgelesen, sich für diese Lektüre bestraft und mußte sich sagen, die Strafe konnte unmöglich der Lektüre des harmlosen Artikels gelten, sondern war durch eine Verschiebung zustande gekommen, nachdem an diese Lektüre sich eine andere, schuldvollere angeschlossen hatte, die sich heute in der Erinnerung hinter der gleichzeitigen harmlosen verbarg.[1] Vielleicht ließ sich noch erforschen, über welche Themata sie damals gelesen hatte.

Was bedeutete denn der Zustand, der eine Perityphlitis nachahmen wollte? Der Rest der Affektion, das Nachziehen eines Beines, der zu einer Perityphlitis so gar nicht stimmte, mußte sich besser zu der geheimen, etwa sexuellen Bedeutung des Krankheitsbildes schicken und konnte seinerseits, wenn man ihn aufklärte, ein Licht auf diese gesuchte Bedeutung werfen. Ich versuchte, einen Zugang zu diesem Rätsel zu finden. Es waren im Traume Zeiten vorgekommen; die Zeit ist wahrlich nichts Gleichgültiges bei allem biologischen Geschehen. Ich fragte also, wann diese Blinddarmentzündung sich ereignet, ob früher oder später als die Szene am See. Die prompte, alle Schwierigkeiten mit einem Schlage lösende Antwort war: neun Monate nachher. Dieser Termin ist wohl charakteristisch. Die angebliche Blinddarmentzündung hatte also die Phantasie einer *Entbindung* realisiert mit den bescheidenen Mitteln, die der Patientin zu Gebote standen, den Schmerzen und der Periodenblutung.[2] Sie kannte natürlich die Bedeutung dieses Termins und konnte die Wahrscheinlichkeit nicht in Abrede stellen, daß sie damals im Lexi-

---

1 Ein ganz typisches Beispiel für Entstehung von Symptomen aus Anlässen, die anscheinend mit dem Sexuellen nichts zu tun haben.

2 Ich habe schon angedeutet, daß die meisten hysterischen Symptome, wenn sie ihre volle Ausbildung erlangt haben, eine phantasierte Situation des Sexuallebens darstellen, also eine Szene des sexuellen Verkehrs, eine Schwangerschaft, Entbindung, Wochenbett u. dgl.

kon über Schwangerschaft und Geburt gelesen. Was war aber mit dem nachgezogenen Beine? Ich durfte jetzt ein Erraten versuchen. So geht man doch, wenn man sich den Fuß übertreten hat. Sie hatte also einen »Fehltritt« getan, ganz richtig, wenn sie neun Monate nach der Szene am See entbinden konnte. Nur mußte ich eine weitere Forderung aufstellen. Man kann – nach meiner Überzeugung – solche Symptome nur dann bekommen, wenn man ein *infantiles* Vorbild für sie hat. Die Erinnerungen, die man von Eindrücken späterer Zeit hat, besitzen, wie ich nach meinen bisherigen Erfahrungen strenge festhalten muß, nicht die Kraft, sich als Symptome durchzusetzen. Ich wagte kaum zu hoffen, daß sie mir das gewünschte Material aus der Kinderzeit liefern würde, denn ich kann in Wirklichkeit obigen Satz, an den ich gerne glauben möchte, noch nicht allgemein aufstellen. Aber hier kam die Bestätigung *sofort*. Ja, sie hatte sich als Kind einmal denselben Fuß übertreten, sie war in B. beim Heruntergehen auf der *Treppe* über eine Stufe gerutscht; der Fuß, es war sogar der nämliche, den sie später nachzog, schwoll an, mußte bandagiert werden, sie lag einige Wochen ruhig. Es war kurze Zeit vor dem nervösen Asthma im achten Lebensjahre.

Nun galt es, den Nachweis dieser Phantasie zu verwerten: Wenn Sie neun Monate nach der Szene am See eine Entbindung durchmachen und dann mit den Folgen des Fehltrittes bis zum heutigen Tage herumgehen, so beweist dies, daß Sie im Unbewußten den Ausgang der Szene bedauert haben. Sie haben ihn also in ihrem unbewußten Denken korrigiert. Die Voraussetzung Ihrer Entbindungsphantasie ist ja, daß damals etwas vorgegangen ist[1], daß Sie damals all das erlebt und erfahren haben, was Sie später aus dem Lexikon entnehmen mußten. Sie sehen, daß Ihre Liebe zu Herrn K. mit jener Szene nicht beendet war, daß sie sich, wie ich behauptet habe, bis auf den heutigen Tag – allerdings Ihnen unbewußt – fortsetzt. – Sie widersprach dem auch nicht mehr.[2]

---

1 Die Deflorationsphantasie findet also ihre Anwendung auf Herrn K., und es wird klar, warum dieselbe Region des Trauminhalts Material aus der Szene am See enthält. (Ablehnung, 2 ½ Stunden, der Wald, Einladung nach L.)

2 Einige Nachträge zu den bisherigen Deutungen: Die »*Madonna*« ist offenbar sie selbst, erstens wegen des »Anbeters«, der ihr die Bilder geschickt hat, dann weil sie Herrn K.s Liebe vor allem durch ihre Mütterlichkeit gegen seine Kin-

Diese Arbeiten zur Aufklärung des zweiten Traumes hatten zwei Stunden in Anspruch genommen. Als ich nach Schluß der zweiten Sitzung meiner Befriedigung über das Erreichte Ausdruck gab, antwortete sie geringschätzig: Was ist denn da viel herausgekommen? und bereitete mich so auf das Herannahen weiterer Enthüllungen vor.

Zur dritten Sitzung trat sie mit den Worten an: »Wissen Sie, Herr

---

der gewonnen hatte, und endlich, weil sie als Mädchen doch schon ein Kind gehabt hat, im direkten Hinweise auf die Entbindungsphantasie. Die »Madonna« ist übrigens eine beliebte Gegenvorstellung, wenn ein Mädchen unter dem Drucke sexueller Beschuldigungen steht, was ja auch bei Dora zutrifft. Ich bekam von diesem Zusammenhange die erste Ahnung als Arzt der psychiatrischen Klinik bei einem Falle von halluzinatorischer Verworrenheit raschen Ablaufes, der sich als Reaktion auf einen Vorwurf des Bräutigams herausstellte.

Die mütterliche Sehnsucht nach einem Kinde wäre bei Fortsetzung der Analyse wahrscheinlich als dunkles, aber mächtiges Motiv ihres Handelns aufzudecken gewesen. – Die vielen Fragen, die sie in letzter Zeit aufgeworfen hatte, erscheinen wie Spätabkömmlinge der Fragen sexueller Wißbegierde, welche sie aus dem Lexikon zu befriedigen gesucht. Es ist anzunehmen, daß sie über Schwangerschaft, Entbindung, Jungfräulichkeit und ähnliche Themata nachgelesen. – Eine der Fragen, die in den Zusammenhang der zweiten Traumsituation einzufügen sind, hatte sie bei der Reproduktion des Traumes vergessen. Es konnte nur die Frage sein: Wohnt hier der Herr ***? oder: Wo wohnt der Herr ***? Es muß seinen Grund haben, daß sie diese scheinbar harmlose Frage vergessen, nachdem sie sie überhaupt in den Traum aufgenommen. Ich finde diesen Grund in dem Familiennamen selbst, der gleichzeitig Gegenstandsbedeutung hat, und zwar mehrfache, also einem »*zweideutigen*« Worte gleichgesetzt werden kann. Ich kann diesen Namen leider nicht mitteilen, um zu zeigen, wie geschickt er verwendet worden ist, um »Zweideutiges« und »Unanständiges« zu bezeichnen. Es stützt diese Deutung, wenn wir in anderer Region des Traumes, wo das Material aus den Erinnerungen an den Tod der Tante stammt, in dem Satze »Sie sind schon auf den Friedhof gefahren« gleichfalls eine Wortanspielung auf den *Namen* der Tante finden. In diesen unanständigen Worten wäre wohl der Hinweis auf eine zweite, *mündliche* Quelle gelegen, da für sie das Wörterbuch nicht ausreicht. Ich wäre nicht erstaunt gewesen zu hören, daß Frau K. selbst, die Verleumderin, diese Quelle war. Dora hätte dann gerade sie edelmütig verschont, während sie die anderen Personen mit nahezu tückischer Rache verfolgte; hinter der schier unübersehbaren Reihe von Verschiebungen, die sich so ergeben, könnte man ein einfaches Moment, die tief wurzelnde homosexuelle Liebe zu Frau K., vermuten.

Doktor, daß ich heute das letzte Mal hier bin?« – Ich kann es nicht wissen, da Sie mir nichts davon gesagt haben. – »Ja, ich habe mir vorgenommen, bis Neujahr[1] halte ich es noch aus; länger will ich aber auf die Heilung nicht warten.« – Sie wissen, daß Sie die Freiheit auszutreten immer haben. Heute wollen wir aber noch arbeiten. Wann haben Sie den Entschluß gefaßt? – »Vor 14 Tagen, glaube ich.« – Das klingt ja wie von einem Dienstmädchen, einer Gouvernante, 14tägige Kündigung. – »Eine Gouvernante, die gekündigt hat, war auch damals bei K., als ich sie in L. am See besuchte.« – So? von der haben Sie noch nie erzählt. Bitte, erzählen Sie.

»Es war also ein junges Mädchen im Hause als Gouvernante der Kinder, die ein ganz merkwürdiges Benehmen gegen den Herrn zeigte. Sie grüßte ihn nicht, gab ihm keine Antwort, reichte ihm nichts bei Tisch, wenn er um etwas bat, kurz, behandelte ihn wie Luft. Er war übrigens auch nicht viel höflicher gegen sie. Einen oder zwei Tage vor der Szene am See nahm mich das Mädchen auf die Seite; sie habe mir etwas mitzuteilen. Sie erzählte mir dann, Herr K. habe sich ihr zu einer Zeit, als die Frau gerade für mehrere Wochen abwesend war, genähert, sie sehr umworben und sie gebeten, ihm gefällig zu sein; er habe nichts von seiner Frau usw.«... Das sind ja dieselben Worte, die er dann in der Werbung um Sie gebraucht, bei denen Sie ihm den Schlag ins Gesicht gegeben. – »Ja. Sie gab ihm nach, aber nach kurzer Zeit kümmerte er sich nicht mehr um sie, und sie haßte ihn seitdem.« – Und diese Gouvernante hatte gekündigt? – »Nein, sie wollte kündigen. Sie sagte mir, sie habe sofort, wie sie sich verlassen gefühlt, den Vorfall ihren Eltern mitgeteilt, die anständige Leute sind und irgendwo in Deutschland wohnen. Die Eltern verlangten, daß sie das Haus augenblicklich verlasse, und schrieben ihr dann, als sie es nicht tat, sie wollten nichts mehr von ihr wissen, sie dürfe nicht mehr nach Hause zurückkommen.« – Und warum ging sie nicht fort? – »Sie sagte, sie wolle noch eine kurze Zeit abwarten, ob sich nichts bei Herrn K. ändere. So zu leben, halte sie nicht aus. Wenn sie keine Änderung sehe, werde sie kündigen und fortgehen.« – Und was ist aus dem Mädchen geworden? – »Ich weiß nur, daß sie fortgegangen ist.« –

---

[1] Es war der 31. Dezember.

Ein Kind hat sie von dem Abenteuer nicht davongetragen? –
»Nein.«

Da war also – wie übrigens ganz regelrecht – inmitten der Analyse
ein Stück tatsächlichen Materials zum Vorscheine gekommen, das
früher aufgeworfene Probleme lösen half. Ich konnte Dora sagen:
Jetzt kenne ich das Motiv jenes Schlages, mit dem Sie die Werbung
beantwortet haben. Es war nicht Kränkung über die an Sie gestellte
Zumutung, sondern eifersüchtige Rache. Als Ihnen das Fräulein
seine Geschichte erzählte, machten Sie noch von Ihrer Kunst Gebrauch, alles beiseite zu schieben, was Ihren Gefühlen nicht paßte.
In dem Moment, da Herr K. die Worte gebrauchte: Ich habe nichts
an meiner Frau, die er auch zu dem Fräulein gesagt, wurden neue
Regungen in Ihnen wachgerufen, und die Waagschale kippte um. Sie
sagten sich: Er wagt es, mich zu behandeln wie eine Gouvernante,
eine dienende Person? Diese Hochmutskränkung zur Eifersucht
und zu den bewußten besonnenen Motiven hinzu: das war endlich
zuviel.[1] Zum Beweise, wie sehr Sie unter dem Eindrucke der Geschichte des Fräuleins stehen, halte ich Ihnen die wiederholten Iden-
tifizierungen mit ihr im Traume und in Ihrem Benehmen vor. Sie
sagen es den Eltern, was wir bisher nicht verstanden haben, wie das
Fräulein es den Eltern geschrieben hat. Sie kündigen mir wie eine
Gouvernante mit 14tägiger Kündigung. Der Brief im Traume, der
Ihnen erlaubt, nach Hause zu kommen, ist ein Gegenstück zum
Briefe der Eltern des Fräuleins, die es ihr verboten hatten.

»Warum habe ich es dann den Eltern nicht gleich erzählt?«

Welche Zeit haben Sie denn verstreichen lassen?

»Am letzten Juni fiel die Szene vor; am 14. Juli habe ich's der Mutter
erzählt.«

Also wieder 14 Tage, der für eine dienende Person charakteristische
Termin! Ihre Frage kann ich jetzt beantworten. Sie haben ja das
arme Mädchen sehr wohl verstanden. Sie wollte nicht gleich fortgehen, weil sie noch hoffte, weil sie erwartete, daß Herr K. seine Zärtlichkeit ihr wieder zuwenden würde. Das muß also auch Ihr Motiv

---

1 Es war vielleicht nicht gleichgültig, daß sie dieselbe Klage über die Frau, deren
Bedeutung sie wohl verstand, auch vom Vater gehört haben konnte, wie ich sie
aus seinem Munde gehört habe.

gewesen sein. Sie warteten den Termin ab, um zu sehen, ob er seine Werbung erneuern würde, daraus hätten Sie geschlossen, daß es ihm Ernst war und daß er nicht mit Ihnen spielen wollte wie mit der Gouvernante.

»In den ersten Tagen nach der Abreise schickte er noch eine Ansichtskarte.«[1]

Ja, als aber dann nichts weiter kam, da ließen Sie Ihrer Rache freien Lauf. Ich kann mir sogar vorstellen, daß damals noch Raum für die Nebenabsicht war, ihn durch die Anklage zum Hinreisen nach Ihrem Aufenthalte zu bewegen.

»... Wie er's uns ja auch zuerst angetragen hat«, warf sie ein. – Dann wäre Ihre Sehnsucht nach ihm gestillt worden – hier nickte sie Bestätigung, was ich nicht erwartet hatte –, und er hätte Ihnen die Genugtuung geben können, die Sie sich verlangten.

»Welche Genugtuung?«

Ich fange nämlich an zu ahnen, daß Sie die Angelegenheit mit Herrn K. viel ernster aufgefaßt haben, als Sie bisher verraten wollten. War zwischen den K. nicht oft von Scheidung die Rede?

»Gewiß, zuerst wollte sie nicht der Kinder wegen, und jetzt will sie, aber er will nicht mehr.«

Sollten Sie nicht gedacht haben, daß er sich von seiner Frau scheiden lassen will, um Sie zu heiraten? Und daß er jetzt nicht mehr will, weil er keinen Ersatz hat? Sie waren freilich vor zwei Jahren sehr jung, aber Sie haben mir selbst von der Mama erzählt, daß sie mit 17 Jahren verlobt war und dann zwei Jahre auf ihren Mann gewartet hat. Die Liebesgeschichte der Mutter wird gewöhnlich zum Vorbilde für die Tochter. Sie wollten also auch auf ihn warten und nahmen an, daß er nur warte, bis Sie reif genug seien, seine Frau zu werden.[2] Ich stelle mir vor, daß es ein ganz ernsthafter Lebensplan bei Ihnen war. Sie haben nicht einmal das Recht zu behaupten, daß eine solche Absicht bei Herrn K. ausgeschlossen war, und haben mir

---

1 Dies die Anlehnung für den Ingenieur, der sich hinter dem Ich in der ersten Traumsituation verbirgt.

2 Das Warten, bis man das Ziel erreicht, findet sich im Inhalte der ersten Traumsituation; in dieser Phantasie vom Warten auf die Braut sehe ich ein Stück der dritten, bereits angekündigten Komponente dieses Traumes.

genug von ihm erzählt, was direkt auf eine solche Absicht deutet.[1]
Auch sein Benehmen in L. widerspricht dem nicht. Sie haben ihn ja
nicht ausreden lassen und wissen nicht, was er Ihnen sagen wollte.
Nebstbei wäre der Plan gar nicht so unmöglich auszuführen gewesen. Die Beziehungen des Papa[s] zu Frau K., die Sie wahrscheinlich
nur darum so lange unterstützt haben, boten Ihnen die Sicherheit,
daß die Einwilligung der Frau zur Scheidung zu erreichen wäre, und
beim Papa setzen Sie durch, was Sie wollen. Ja, wenn die Versuchung in L. einen anderen Ausgang genommen hätte, wäre dies für
alle Teile die einzig mögliche Lösung gewesen. Ich meine auch,
darum haben Sie den anderen Ausgang so bedauert und ihn in
der Phantasie, die als Blinddarmentzündung auftrat, korrigiert.
Es mußte also eine schwere Enttäuschung für Sie sein, als anstatt
einer erneuten Werbung das Leugnen und die Schmähungen von
seiten des Herrn K. der Erfolg Ihrer Anklage wurden. Sie gestehen
zu, daß nichts Sie so sehr in Wut bringen kann, als wenn man
glaubt, Sie hätten sich die Szene am See eingebildet. Ich weiß nun,
woran Sie nicht erinnert werden wollen, daß Sie sich eingebildet,
die Werbung sei ernsthaft und Herr K. werde nicht ablassen, bis Sie
ihn geheiratet.

Sie hatte zugehört, ohne wie sonst zu widersprechen. Sie schien ergriffen, nahm auf die liebenswürdigste Weise mit warmen Wünschen zum Jahreswechsel Abschied und – kam nicht wieder. Der
Vater, der mich noch einige Male besuchte, versicherte, sie werde
wiederkommen; man merke ihr die Sehnsucht nach der Fortsetzung
der Behandlung an. Aber er war wohl nie ganz aufrichtig. Er hatte
die Kur unterstützt, solange er sich Hoffnung machen konnte, ich
würde Dora »ausreden«, daß zwischen ihm und Frau K. etwas anderes als Freundschaft bestehe. Sein Interesse erlosch, als er merkte,
daß dieser Erfolg nicht in meiner Absicht liege. Ich wußte, daß sie
nicht wiederkommen würde. Es war ein unzweifelhafter Racheakt,
daß sie in so unvermuteter Weise, als meine Erwartungen auf glückliche Beendigung der Kur den höchsten Stand einnahmen, abbrach
und diese Hoffnungen vernichtete. Auch ihre Tendenz zur Selbst-

---

1 Besonders eine Rede, mit der er im letzten Jahre des Zusammenlebens in B. das
Weihnachtsgeschenk einer Briefschachtel begleitet hatte.

schädigung fand ihre Rechnung bei diesem Vorgehen. Wer wie ich die bösesten Dämonen, die unvollkommen gebändigt in einer menschlichen Brust wohnen, aufweckt, um sie zu bekämpfen, muß darauf gefaßt sein, daß er in diesem Ringen selbst nicht unbeschädigt bleibe. Ob ich das Mädchen bei der Behandlung erhalten hätte, wenn ich mich selbst in eine Rolle gefunden, den Wert ihres Verbleibens für mich übertrieben und ihr ein warmes Interesse bezeigt hätte, das bei aller Milderung durch meine Stellung als Arzt doch wie ein Ersatz für die von ihr ersehnte Zärtlichkeit ausgefallen wäre? Ich weiß es nicht. Da ein Teil der Faktoren, die sich als Widerstand entgegenstellen, in jedem Falle unbekannt bleibt, habe ich es immer vermieden, Rollen zu spielen, und mich mit anspruchsloserer psychologischer Kunst begnügt. Bei allem theoretischen Interesse und allem ärztlichen Bestreben zu helfen, halte ich mir doch vor, daß der psychischen Beeinflussung notwendig Grenzen gesetzt sind, und respektiere als solche auch den Willen und die Einsicht des Patienten.

Ich weiß auch nicht, ob Herr K. mehr erreicht hätte, wäre ihm verraten worden, daß jener Schlag ins Gesicht keineswegs ein endgültiges »Nein« Doras bedeutete, sondern der zuletzt geweckten Eifersucht entsprach, während noch die stärksten Regungen ihres Seelenlebens für ihn Partei nahmen. Würde er dieses erste »Nein« überhört und seine Werbung mit überzeugender Leidenschaft fortgesetzt haben, so hätte der Erfolg leicht sein können, daß die Neigung des Mädchens sich über alle inneren Schwierigkeiten hinweggesetzt hätte. Aber ich meine, vielleicht ebenso leicht wäre sie nur gereizt worden, ihre Rachsucht um so ausgiebiger an ihm zu befriedigen. Auf welche Seite sich in dem Widerstreite der Motive die Entscheidung neigt, ob zur Aufhebung oder zur Verstärkung der Verdrängung, das ist niemals zu berechnen. Die Unfähigkeit zur Erfüllung der *realen* Liebesforderung ist einer der wesentlichsten Charakterzüge der Neurose; die Kranken sind vom Gegensatze zwischen der Realität und der Phantasie beherrscht. Was sie in ihren Phantasien am intensivsten ersehnen, davor fliehen sie doch, wenn es ihnen in Wirklichkeit entgegentritt, und den Phantasien überlassen sie sich am liebsten, wo sie eine Realisierung nicht mehr zu befürchten brauchen. Die Schranke, welche die Verdrängung aufgerichtet hat, kann allerdings unter dem Ansturme heftiger, real veranlaßter Erregungen fallen, die Neurose kann noch durch die Wirklichkeit überwunden werden. Wir können aber nicht allgemein berechnen, bei wem und wodurch diese Heilung möglich wäre.[1]

---

1 Noch einige Bemerkungen über den Aufbau dieses Traumes, der sich nicht so gründlich verstehen läßt, daß man seine Synthese versuchen könnte. Als ein fassadenartig vorgeschobenes Stück läßt sich die Rachephantasie gegen den Vater herausheben: Sie ist eigenmächtig von Hause weggegangen; der Vater ist erkrankt, dann gestorben… Sie geht jetzt nach Hause, die anderen sind schon alle auf dem Friedhofe. Sie geht gar nicht traurig auf ihr Zimmer und liest ruhig im Lexikon. Darunter zwei Anspielungen auf den anderen Racheakt, den sie wirklich ausgeführt, indem sie die Eltern einen Abschiedsbrief finden ließ: Der Brief (im Traume von der Mama) und die Erwähnung des Leichenbegängnisses der für sie vorbildlichen Tante. – Hinter dieser Phantasie verbergen sich die Rachegedanken gegen Herrn K., denen sie in ihrem Benehmen gegen mich einen Ausweg geschafft hat. Das Dienstmädchen – die Einladung – der Wald – die 2½ Stunden stammen aus dem Material der Vorgänge in L. Die Erinnerung an die Gouvernante und deren Briefverkehr mit ihren Eltern tritt mit dem Element ihres Abschiedsbriefes zu dem im Trauminhalte vorfindlichen Brief, der ihr nach Hause zu kommen erlaubt, zusammen. Die Ablehnung, sich begleiten zu lassen, der Entschluß, allein zu gehen, läßt sich wohl so übersetzen: Weil du mich wie ein Dienstmädchen behandelt hast, lasse ich dich stehen, gehe allein meiner Wege und heirate nicht. – Durch diese Rachegedanken verdeckt, schimmert an anderen Stellen Material aus zärtlichen Phantasien aus der unbewußt fortgesetzten Liebe zu Herrn K. durch: Ich hätte auf dich gewartet, bis ich deine Frau geworden wäre – die Defloration – die Entbindung. – Endlich gehört es dem vierten, am tiefsten verborgenen Gedankenkreise, dem der Liebe zu Frau K. an, daß die Deflorationsphantasie vom Standpunkte des Mannes dargestellt wird (Identifizierung mit dem Verehrer, der jetzt in der Fremde weilt) und daß an zwei Stellen die deutlichsten Anspielungen auf zweideutige Reden (wohnt hier der Herr X. X.) und auf die nicht mündliche Quelle ihrer sexuellen Kenntnisse (Lexikon) enthalten sind. Grausame und sadistische Regungen finden in diesem Traume ihre Erfüllung.

IV
NACHWORT

Ich habe diese Mitteilung zwar als Bruchstück einer Analyse angekündigt; man wird aber gefunden haben, daß sie in viel weiterem Umfange unvollständig ist, als sich nach diesem ihrem Titel erwarten ließ. Es geziemt sich wohl, daß ich versuche, diese keinesfalls zufälligen Auslassungen zu motivieren.

Eine Reihe von Ergebnissen der Analyse ist weggeblieben, weil sie beim Abbruch der Arbeit teils nicht genügend sicher erkannt, teils einer Fortführung bis zu einem allgemeinen Resultat bedürftig waren. Andere Male habe ich, wo es mir statthaft schien, auf die wahrscheinliche Fortsetzung einzelner Lösungen hingewiesen. Die keineswegs selbstverständliche Technik, mittels welcher man allein dem Rohmaterial von Einfällen des Kranken seinen Reingehalt an wertvollen unbewußten Gedanken entziehen kann, ist von mir hier durchwegs übergangen worden, womit der Nachteil verbunden bleibt, daß der Leser die Korrektheit meines Vorgehens bei diesem Darstellungsprozeß nicht bestätigen kann. Ich fand es aber ganz undurchführbar, die Technik einer Analyse und die innere Struktur eines Falles von Hysterie in einem zu behandeln; es wäre für mich eine fast unmögliche Leistung und für den Leser eine sicher ungenießbare Lektüre geworden. Die Technik erfordert durchaus eine abgesonderte Darstellung, die durch zahlreiche, den verschiedensten Fällen entnommene Beispiele erläutert wird und von dem jedesmaligen Ergebnis absehen darf. Auch die psychologischen Voraussetzungen, die sich in meinen Beschreibungen psychischer Phänomene verraten, habe ich hier zu begründen nicht versucht. Eine flüchtige Begründung würde nichts leisten; eine ausführliche wäre eine Arbeit für sich. Ich kann nur versichern, daß ich, ohne einem bestimmten psychologischen System verpflichtet zu sein, an das Studium der Phänomene gegangen bin, welche die Beobachtung der Psychoneurotiker enthüllt, und daß ich dann meine Meinungen um so viel zurechtgerückt habe, bis sie mir geeignet erschienen, von dem Zusammenhange des Beobachteten Rechenschaft zu geben. Ich setze keinen Stolz darein, die Spekulation vermieden zu haben; das Material für diese Hypothesen ist aber durch die ausgedehnteste und mühevollste Beobachtung gewonnen worden. Besonders dürfte die Entschiedenheit meines Standpunktes in der Frage des Unbewußten Anstoß erregen, indem ich mit unbewußten Vorstellungen, Gedankenzügen und Regungen so operiere, als ob sie ebenso gute und unzweifelhafte Objekte der Psychologie wären wie alles Bewußte; aber ich bin dessen sicher, wer dasselbe Erscheinungsgebiet mit der nämlichen Methode zu erforschen unternimmt, wird nicht umhin können, sich trotz alles Abmahnens der Philosophen auf denselben Standpunkt zu stellen.

Diejenigen Fachgenossen, welche meine Theorie der Hysterie für eine rein psychologische gehalten und darum von vornherein für unfähig erklärt haben, ein pathologisches Problem zu lösen, werden aus dieser Abhandlung wohl entnehmen, daß ihr Vorwurf einen Charakter der Technik ungerechterweise auf die Theorie überträgt. Nur die therapeutische Technik ist rein psychologisch; die Theorie versäumt es keineswegs, auf die organische Grundlage der Neurose hinzuweisen, wenngleich sie dieselbe nicht in einer pathologisch-anatomischen Veränderung sucht und die zu erwartende chemische Veränderung als derzeit noch unfaßbar durch die Vorläufigkeit der organischen Funktion ersetzt. Der Sexualfunktion, in welcher ich die Begründung der Hysterie wie der Psychoneurosen überhaupt sehe, wird den Charakter eines organischen Faktors wohl niemand absprechen wollen. Eine Theorie des Sexuallebens wird, wie ich vermute, der Annahme bestimmter, erregend wirkender Sexualstoffe nicht entbehren können. Die Intoxikationen und Abstinenzen beim Gebrauch gewisser chronischer Gifte stehen ja unter allen Krankheitsbildern, welche uns die Klinik kennen lehrt, den genuinen Psychoneurosen am nächsten.

Was sich aber über das »somatische Entgegenkommen«, über die infantilen Keime zur Perversion, über die erogenen Zonen und die Anlage zur Bisexualität heute aussagen läßt, habe ich in dieser Abhandlung gleichfalls nicht ausgeführt, sondern nur die Stellen hervorgehoben, an denen die Analyse auf diese organischen Fundamente der Symptome stößt. Mehr ließ sich von einem vereinzelten Falle aus nicht tun, auch hatte ich die nämlichen Gründe wie oben,

111

eine beiläufige Erörterung dieser Momente zu vermeiden. Hier ist reichlicher Anlaß zu weiteren, auf eine große Zahl von Analysen gestützten Arbeiten gegeben.

Mit dieser soweit unvollständigen Veröffentlichung wollte ich doch zweierlei erreichen. Erstens als Ergänzung zu meinem Buche über die Traumdeutung zeigen, wie diese sonst unnütze Kunst zur Aufdeckung des Verborgenen und Verdrängten im Seelenleben verwendet werden kann; bei der Analyse der beiden hier mitgeteilten Träume ist dann auch die Technik des Traumdeutens, welche der psychoanalytischen ähnlich ist, berücksichtigt worden. Zweitens wollte ich Interesse für eine Reihe von Verhältnissen erwecken, welche heute der Wissenschaft noch völlig unbekannt sind, weil sie sich nur bei Anwendung dieses bestimmten Verfahrens entdecken lassen. Von der Komplikation der psychischen Vorgänge bei der Hysterie, dem Nebeneinander der verschiedenartigsten Regungen, der gegenseitigen Bindung der Gegensätze, den Verdrängungen und Verschiebungen u. a. m. hat wohl niemand eine richtige Ahnung haben können. Janets Hervorhebung der *idée fixe*, die sich in das Symptom umsetzt, bedeutet nichts als eine wahrhaft kümmerliche Schematisierung. Man wird sich auch der Vermutung nicht erwehren können, daß Erregungen, deren zugehörige Vorstellungen der Bewußtseinsfähigkeit ermangeln, anders aufeinander einwirken, anders verlaufen und zu anderen Äußerungen führen als die von uns »normal« genannten, deren Vorstellungsinhalt uns bewußt wird. Ist man soweit aufgeklärt, so steht dem Verständnis einer Therapie nichts mehr im Wege, welche neurotische Symptome aufhebt, indem sie Vorstellungen der ersteren Art in normale verwandelt.

Es lag mir auch daran zu zeigen, daß die Sexualität nicht bloß als einmal auftretender *deus ex machina* irgendwo in das Getriebe der für die Hysterie charakteristischen Vorgänge eingreift, sondern daß sie die Triebkraft für jedes einzelne Symptom und für jede einzelne Äußerung eines Symptoms abgibt. Die Krankheitserscheinungen sind, geradezu gesagt, die *Sexualbetätigung der Kranken*. Ein einzelner Fall wird niemals imstande sein, einen so allgemeinen Satz zu erweisen, aber ich kann es nur immer wieder von neuem wiederholen, weil ich es niemals anders finde, daß die Sexualität der Schlüssel zum Problem der Psychoneurosen wie der Neurosen überhaupt ist.

Wer ihn verschmäht, wird niemals aufzuschließen imstande sein. Ich warte noch auf die Untersuchungen, welche diesen Satz aufzuheben oder einzuschränken vermögen sollen. Was ich bis jetzt dagegen gehört habe, waren Äußerungen persönlichen Mißfallens oder Unglaubens, denen es genügt, das Wort Charcots entgegenzuhalten: »*Ça n'empêche pas d'exister.*«

Der Fall, aus dessen Kranken- und Behandlungsgeschichte ich hier ein Bruchstück veröffentlicht habe, ist auch nicht geeignet, den Wert der psychoanalytischen Therapie ins rechte Licht zu setzen. Nicht nur die Kürze der Behandlungsdauer, die kaum drei Monate betrug, sondern noch ein anderes dem Falle innewohnendes Moment haben es verhindert, daß die Kur mit der sonst zu erreichenden, vom Kranken und seinen Angehörigen zugestandenen Besserung abschloß, die mehr oder weniger nahe an vollkommene Heilung heranreicht. Solche erfreuliche Erfolge erzielt man, wo die Krankheitserscheinungen allein durch den inneren Konflikt zwischen den auf die Sexualität bezüglichen Regungen gehalten werden. Man sieht in diesen Fällen das Befinden der Kranken in dem Maße sich bessern, in dem man durch Übersetzung des pathogenen Materials in normales zur Lösung ihrer psychischen Aufgaben beigetragen hat. Anders ist der Verlauf, wo sich die Symptome in den Dienst äußerer Motive des Lebens gestellt haben, wie es auch bei Dora seit den letzten zwei Jahren geschehen war. Man ist überrascht und könnte leicht irre werden, wenn man erfährt, daß das Befinden der Kranken durch die selbst weit vorgeschrittene Arbeit nicht merklich geändert wird. In Wirklichkeit steht es nicht so arg; die Symptome schwinden zwar nicht unter der Arbeit, wohl aber eine Zeitlang nach derselben, wenn die Beziehungen zum Arzte gelöst sind. Der Aufschub der Heilung oder Besserung ist wirklich nur durch die Person des Arztes verursacht.

Ich muß etwas weiter ausholen, um diesen Sachverhalt verständlich zu machen. Während einer psychoanalytischen Kur ist die Neubildung von Symptomen, man darf wohl sagen: regelmäßig, sistiert. Die Produktivität der Neurose ist aber durchaus nicht erloschen, sondern betätigt sich in der Schöpfung einer besonderen Art von meist unbewußten Gedankenbildungen, welchen man den Namen »*Übertragungen*« verleihen kann.

Was sind die Übertragungen? Es sind Neuauflagen, Nachbildungen von den Regungen und Phantasien, die während des Vordringens der Analyse erweckt und bewußtgemacht werden sollen, mit einer für die Gattung charakteristischen Ersetzung einer früheren Person durch die Person des Arztes. Um es anders zu sagen: eine ganze Reihe früherer psychischer Erlebnisse wird nicht als vergangen, sondern als aktuelle Beziehung zur Person des Arztes wieder lebendig. Es gibt solche Übertragungen, die sich im Inhalt von ihrem Vorbilde in gar nichts bis auf die Ersetzung unterscheiden. Das sind also, um in dem Gleichnisse zu bleiben, einfache Neudrucke, unveränderte Neuauflagen. Andere sind kunstvoller gemacht, sie haben eine Milderung ihres Inhaltes, eine *Sublimierung*, wie ich sage, erfahren und vermögen selbst bewußt zu werden, indem sie sich an irgendeine geschickt verwertete reale Besonderheit an der Person oder in den Verhältnissen des Arztes anlehnen. Das sind Neubearbeitungen, nicht mehr Neudrucke.

Wenn man sich in die Theorie der analytischen Technik einläßt, kommt man zu der Einsicht, daß die Übertragung etwas notwendig Gefordertes ist. Praktisch überzeugt man sich wenigstens, daß man ihr durch keinerlei Mittel ausweichen kann und daß man diese letzte Schöpfung der Krankheit wie alle früheren zu bekämpfen hat. Nun ist dieses Stück der Arbeit das bei weitem schwierigste. Das Deuten der Träume, das Extrahieren der unbewußten Gedanken und Erinnerungen aus den Einfällen des Kranken und ähnliche Übersetzungskünste sind leicht zu erlernen; dabei liefert immer der Kranke selbst den Text. Die Übertragung allein muß man fast selbständig erraten, auf geringfügige Anhaltspunkte hin und ohne sich der Willkür schuldig zu machen. Zu umgehen ist sie aber nicht, da sie zur Herstellung aller Hindernisse verwendet wird, welche das Material der Kur unzugänglich machen, und da die Überzeugungsempfindung für die Richtigkeit der konstruierten Zusammenhänge beim Kranken erst nach Lösung der Übertragung hervorgerufen wird.

Man wird geneigt sein, es für einen schweren Nachteil des ohnehin unbequemen Verfahrens zu halten, daß dasselbe die Arbeit des Arztes durch Schöpfung einer neuen Gattung von krankhaften psychischen Produkten noch vermehrt, ja, wird vielleicht eine Schädigung des Kranken durch die analytische Kur aus der Existenz der Übertragungen ableiten wollen. Beides wäre irrig. Die Arbeit des Arztes wird durch die Übertragung nicht vermehrt; es kann ihm ja gleichgültig sein, ob er die betreffende Regung des Kranken in Verbindung mit seiner Person oder mit einer anderen zu überwinden hat. Die Kur nötigt aber auch dem Kranken mit der Übertragung keine neue Leistung auf, die er nicht auch sonst vollzogen hätte. Wenn Heilungen von Neurosen auch in Anstalten zustande kommen, wo psychoanalytische Behandlung ausgeschlossen ist, wenn man sagen konnte, daß die Hysterie nicht durch die Methode, sondern durch den Arzt geheilt wird, wenn sich eine Art von blinder Abhängigkeit und dauernder Fesselung des Kranken an den Arzt zu ergeben pflegt, der ihn durch hypnotische Suggestion von seinen Symptomen befreit hat, so ist die wissenschaftliche Erklärung für all dies in »Übertragungen« zu sehen, die der Kranke regelmäßig auf die Person des Arztes vornimmt. Die psychoanalytische Kur schafft die Übertragung nicht, sie deckt sie bloß, wie anderes im Seelenleben Verborgene, auf. Der Unterschied äußert sich nur darin, daß der Kranke spontan bloß zärtliche und freundschaftliche Übertragungen zu seiner Heilung wachruft; wo dies nicht der Fall sein kann, reißt er sich so schnell wie möglich, unbeeinflußt vom Arzte, der ihm nicht »sympathisch« ist, los. In der Psychoanalyse werden hingegen, entsprechend einer veränderten Motivenanlage, alle Regungen, auch die feindseligen, geweckt, durch Bewußtmachen für die Analyse verwertet, und dabei wird die Übertragung immer wieder vernichtet. Die Übertragung, die das größte Hindernis für die Psychoanalyse zu werden bestimmt ist, wird zum mächtigsten Hilfsmittel derselben, wenn es gelingt, sie jedesmal zu erraten und dem Kranken zu übersetzen.[1]

Ich mußte von der Übertragung sprechen, weil ich die Besonderheiten der Analyse Doras nur durch dieses Moment aufzuklären vermag. Was den Vorzug derselben ausmacht und sie als geeignet für eine erste, einführende Publikation erscheinen läßt, ihre besondere Durchsichtigkeit, das hängt mit ihrem großen Mangel, welcher zu

---

1 (*Zusatz 1923:*) Was hier über die Übertragung gesagt wird, findet dann seine Fortsetzung in dem technischen Aufsatz über die »Übertragungsliebe« (enthalten in Bd. X. dieser Gesamtausgabe [der *Gesammelten Werke*]).

ihrem vorzeitigen Abbruche führte, innig zusammen. Es gelang mir
nicht, der Übertragung rechtzeitig Herr zu werden; durch die Bereitwilligkeit, mit welcher sie mir den einen Teil des pathogenen
Materials in der Kur zur Verfügung stellte, vergaß ich der Vorsicht,
auf die ersten Zeichen der Übertragung zu achten, welche sie mit
einem anderen, mir unbekannt gebliebenen Teile desselben Materials vorbereitete. Zu Anfang war es klar, daß ich ihr in der Phantasie
den Vater ersetzte, wie auch bei dem Unterschiede unserer Lebens-
alter nahelag. Sie verglich mich auch immer bewußt mit ihm, suchte
sich ängstlich zu vergewissern, ob ich auch ganz aufrichtig gegen sie
sei, denn der Vater »bevorzuge immer die Heimlichkeit und einen
krummen Umweg«. Als dann der erste Traum kam, in dem sie sich
warnte, die Kur zu verlassen wie seinerzeit das Haus des Herrn K.,
hätte ich selbst gewarnt werden müssen und ihr vorhalten sollen:
»Jetzt haben Sie eine Übertragung von Herrn K. auf mich gemacht.
Haben Sie etwas bemerkt, was Sie auf böse Absichten schließen läßt,
die denen des Herrn K. (direkt oder in irgendeiner Sublimierung)
ähnlich sind, oder ist Ihnen etwas an mir aufgefallen oder von mir
bekannt geworden, was Ihre Zuneigung erzwingt, wie ehemals bei
Herrn K.?« Dann hätte sich ihre Aufmerksamkeit auf irgendein Detail aus unserem Verkehre, an meiner Person oder an meinen Verhältnissen gerichtet, hinter dem etwas Analoges, aber ungleich
Wichtigeres, das Herrn K. betraf, sich verborgen hielt, und durch
die Lösung dieser Übertragung hätte die Analyse den Zugang zu
neuem, wahrscheinlich tatsächlichem Material der Erinnerung gewonnen. Ich überhörte aber diese erste Warnung, meinte, es sei
reichlich Zeit, da sich andere Stufen der Übertragung nicht einstell-
ten und das Material für die Analyse noch nicht versiegte. So wurde
ich denn von der Übertragung überrascht, und wegen des X, in dem
ich sie an Herrn K. erinnerte, rächte sie sich an mir, wie sie sich an
Herrn K. rächen wollte, und verließ mich, wie sie sich von ihm ge-
täuscht und verlassen glaubte. Sie *agierte* so ein wesentliches Stück
ihrer Erinnerungen und Phantasien, anstatt es in der Kur zu repro-
duzieren. Welches dieses X war, kann ich natürlich nicht wissen: ich
vermute, es bezog sich auf Geld, oder es war Eifersucht gegen eine
andere Patientin, die nach ihrer Heilung im Verkehre mit meiner
Familie geblieben war. Wo sich die Übertragungen frühzeitig in die

Analyse einbeziehen lassen, da wird deren Verlauf undurchsichtig und verlangsamt, aber ihr Bestand ist gegen plötzliche unwiderstehliche Widerstände besser gesichert.

In dem zweiten Traume Doras ist die Übertragung durch mehrere deutliche Anspielungen vertreten. Als sie ihn mir erzählte, wußte ich noch nicht, erfuhr es erst zwei Tage später, daß wir nur noch *zwei Stunden* Arbeit vor uns hatten, dieselbe Zeit, die sie vor dem Bilde der Sixtinischen Madonna verbracht und die sie auch vermittelst einer Korrektur (zwei Stunden anstatt zweieinhalb Stunden) zum Maße des von ihr nicht zurückgelegten Weges um den See gemacht hatte. Das Streben und Warten im Traume, das sich auf den jungen Mann in Deutschland bezog und von ihrem Warten, bis Herr K. sie heiraten könne, herstammte, hatte sich schon einige Tage vorher in der Übertragung geäußert: Die Kur dauere ihr zu lange, sie werde nicht die Geduld haben, so lange zu warten, während sie in den ersten Wochen Einsicht genug gezeigt hatte, meine Ankündigung, ihre volle Herstellung werde etwa ein Jahr in Anspruch nehmen, ohne solchen Einspruch anzuhören. Die Ablehnung der Begleitung im Traume, sie wolle lieber allein gehen, die gleichfalls aus dem Besuche in der Dresdener Galerie herrührte, sollte ich ja an dem hiefür bestimmten Tage erfahren. Sie hatte wohl den Sinn: Da alle Männer so abscheulich sind, so will ich lieber nicht heiraten. Dies meine Rache.[1]

---

1 Je weiter ich mich zeitlich von der Beendigung dieser Analyse entferne, desto wahrscheinlicher wird mir, daß mein technischer Fehler in folgender Unterlassung bestand: Ich habe es versäumt, rechtzeitig zu erraten und der Kranken mitzuteilen, daß die homosexuelle (gynäkophile) Liebesregung für Frau K. die stärkste der unbewußten Strömungen ihres Seelenlebens war. Ich hätte erraten müssen, daß keine andere Person als Frau K. die Hauptquelle für ihre Kenntnis sexueller Dinge sein konnte, dieselbe Person, von der sie dann wegen ihres Interesses an solchen Gegenständen verklagt worden war. Es war doch zu auffällig, daß sie alles Anstößige wußte und niemals wissen wollte, woher sie es wußte. An dieses Rätsel hätte ich anknüpfen, für diese sonderbare Verdrängung hätte ich das Motiv suchen müssen. Der zweite Traum hätte es mir dann verraten. Die rücksichtslose Rachsucht, welcher dieser Traum den Ausdruck gab, war wie nichts anderes geeignet, die gegensätzliche Strömung zu verdekken, den Edelmut, mit dem sie den Verrat der geliebten Freundin verzieh und

Wo Regungen der Grausamkeit und Motive der Rache, die schon im Leben zur Aufrechterhaltung der Symptome verwendet worden sind, sich während der Kur auf den Arzt übertragen, ehe er Zeit gehabt hat, dieselben durch Rückführung auf ihre Quellen von seiner Person abzulösen, da darf es nicht wundernehmen, daß das Befinden der Kranken nicht den Einfluß seiner therapeutischen Bemühung zeigt. Denn wodurch könnte die Kranke sich wirksamer rächen, als indem sie an ihrer Person dartut, wie ohnmächtig und unfähig der Arzt ist? Dennoch bin ich geneigt, den therapeutischen Wert auch so fragmentarischer Behandlungen, wie die Doras war, nicht gering zu veranschlagen.

Erst fünf Vierteljahre nach Abschluß der Behandlung und dieser Niederschrift erhielt ich Nachricht von dem Befinden meiner Patientin und somit von dem Ausgange der Kur. An einem nicht ganz gleichgültigen Datum, am 1. April – wir wissen, daß Zeiten bei ihr nie bedeutungslos waren –, erschien sie bei mir, um ihre Geschichte zu beenden und um neuerdings Hilfe zu erbitten: ein Blick auf ihre Miene konnte mir aber verraten, daß es ihr mit dieser Bitte nicht ernst war. Sie war noch vier bis fünf Wochen, nachdem sie die Behandlung verlassen, im »Durcheinander«, wie sie sagte. Dann trat eine große Besserung ein, die Anfälle wurden seltener, ihre Stimmung gehoben. Im Mai des jetzt vergangenen Jahres starb das eine Kind des Ehepaares K., das immer gekränkelt hatte. Sie nahm diesen Trauerfall zum Anlasse, um den K. einen Kondolenzbesuch zu machen, und wurde von ihnen empfangen, als ob in diesen letzten drei Jahren nichts vorgefallen wäre. Damals söhnte sie sich mit ihnen aus, nahm ihre Rache an ihnen und brachte ihre Angelegenheit zu einem für sie befriedigenden Abschlusse. Der Frau sagte sie: Ich weiß, du hast ein Verhältnis mit dem Papa, und diese leugnete nicht. Den Mann veranlaßte sie, die von ihm bestrittene

---

es allen verbarg, daß diese selbst ihr die Eröffnungen gemacht, deren Kenntnis dann zu ihrer Verdächtigung verwendet wurde. Ehe ich die Bedeutung der homosexuellen Strömung bei den Psychoneurotikern erkannt hatte, bin ich oftmals in der Behandlung von Fällen steckengeblieben oder in völlige Verwirrung geraten.

Szene am See zuzugestehen, und brachte diese sie rechtfertigende Nachricht ihrem Vater. Sie hat den Verkehr mit der Familie nicht wieder aufgenommen.

Es ging ihr dann ganz gut bis Mitte Oktober, um welche Zeit sich wieder ein Anfall von Stimmlosigkeit einstellte, der sechs Wochen lang anhielt. Über diese Mitteilung überrascht, frage ich, ob dafür ein Anlaß vorhanden war, und höre, daß der Anfall an ein heftiges Erschrecken anschloß. Sie mußte zusehen, wie jemand von einem Wagen überfahren wurde. Endlich rückte sie damit heraus, daß der Unfall keinen anderen als Herrn K. betroffen hatte. Sie traf ihn eines Tages auf der Straße; er kam ihr an einer Stelle lebhaften Verkehres entgegen, blieb wie verworren vor ihr stehen und ließ sich in der Selbstvergessenheit von einem Wagen niederwerfen.[1] Sie überzeugte sich übrigens, daß er ohne erheblichen Schaden davonkam. Es rege sich noch leise in ihr, wenn sie von dem Verhältnisse des Papas zu Frau K. reden höre, in welches sie sich sonst nicht mehr menge. Sie lebe ihren Studien, gedenke nicht zu heiraten.

Meine Hilfe suchte sie wegen einer rechtsseitigen Gesichtsneuralgie, die jetzt Tag und Nacht anhalte. Seit wann? »Seit genau vierzehn Tagen.«[2] – Ich mußte lächeln, da ich ihr nachweisen konnte, daß sie vor genau vierzehn Tagen eine mich betreffende Nachricht in der Zeitung gelesen, was sie auch bestätigte (1902).

Die angebliche Gesichtsneuralgie entsprach also einer Selbstbestrafung, der Reue wegen der Ohrfeige, die sie damals Herrn K. gegeben, und der daraus auf mich bezogenen Racheübertragung. Welche Art Hilfe sie von mir verlangen wollte, weiß ich nicht, aber ich versprach, ihr zu verzeihen, daß sie mich um die Befriedigung gebracht, sie weit gründlicher von ihrem Leiden zu befreien.

Es sind wiederum Jahre seit dem Besuche bei mir vergangen. Das Mädchen hat sich seither verheiratet, und zwar mit jenem jungen Manne, wenn mich nicht alle Anzeichen trügen, den die Einfälle zu

---

1 Ein interessanter Beitrag zu dem in meiner »Psychopathologie des Alltagslebens« behandelten indirekten Selbstmordversuche.

2 Siehe die Bedeutung dieses Termins und dessen Beziehung zum Thema der Rache in der Analyse des zweiten Traumes.

Beginn der Analyse des zweiten Traumes erwähnten. Wie der erste Traum die Abwendung vom geliebten Manne zum Vater, also die Flucht aus dem Leben in die Krankheit bezeichnete, so verkündete ja dieser zweite Traum, daß sie sich vom Vater losreißen werde und dem Leben wiedergewonnen sei.

(handschriftliche Notiz: ⌐→ Material für die Zukunft in Trauer)

NACHWORT

NACHWORT

Von Stavros Mentzos

Die Falldarstellung der »Dora« (so das Pseudonym der achtzehnjährigen jungen Frau, um die es im ›Bruchstück einer Hysterie-Analyse‹ geht) ist die erste der sechs ausführlichen Krankengeschichten
Sigmund Freuds. Dieser bemerkenswerte und wie ein Roman geschriebene Beitrag wird vielfach mit guten Gründen schon litera-
risch als ein Meisterwerk betrachtet. So meint z. B. Marcus[1], das
›Bruchstück einer Hysterie-Analyse‹ initiiere ein neues Genre und
erwecke bei uns Assoziationen, die sich auf bestimmte berühmte
Namen beziehen (Nabokov, Proust, Thomas Mann, Joyce usw.).
Bewundernswert sei die an Ibsen erinnernde Technik, mit der Freud
seinen Leser in Spannung hält. Die Zeit vergehe, und trotzdem
komme das Verdrängte wieder und wieder in die Erzählung der einzelnen Stories zurück. Die Geschichte entwickle sich vor unseren
Augen in einer Art und Weise, die immer neue Komplizierungen in
den Beziehungen der einzelnen Akteure erwarten lasse, wobei Täu-
schungen von Personen inszeniert werden, die ihrerseits wiederum
selbst betrogen wurden.[2] Dieser Text Freuds kann auf verschiedenen Ebenen verstanden werden, die sich vom rein Deskriptiven über
das Individuell-Psychologische bis zum Interpersonalen erstrecken.
Man kann ihn auch als Darstellung der exemplarischen Begegnung
einer hysterischen Patientin mit einem »angehenden« Psychoanalytiker betrachten.

Freud schreibt zu Beginn seiner Ausführungen, diese Krankengeschichte sei, auf der deskriptiven Ebene, eigentlich gewöhnlich und
somit nicht mitteilenswert.[3] Sie stelle eine »Petite hystérie« mit den
allergewöhnlichsten somatischen und psychischen Symptomen dar
– Atembehinderung, nervösem Husten, Verlust der Stimme, viel-

---

1 Referiert bei Gregorio Kohon, ›Reflections on Dora: The Case of Hysteria‹.
   International Journal of Psycho-Analysis, Bd. 65 (1984), S. 73–84.
2 Ibid., S. 74.
3 Oben, S. 25.

leicht noch einem bißchen Migräne, Verstimmungen und schließlich einer nicht ganz ernstzunehmenden Lebensmüdigkeit. Dabei sei – so Freud – die Zusammenstellung einer logisch geordneten und vollständigen Krankengeschichte schon auf dieser Ebene im allgemeinen nicht einfach. Er vergleicht die Erzählungen solcher Patienten mit einem nichtschiffbaren Strom, dessen Bett bald durch Felsmassen verlegt, bald durch Sandbänke zerteilt und untief gemacht wird. »Ich kann mich nur verwundern«, schreibt er, »wie die glatten und exakten Krankengeschichten Hysterischer bei den Autoren entstanden sind. In Wirklichkeit sind die Kranken unfähig, derartige Berichte über sich zu geben.«[4]

Auf einer zweiten, der psychodynamischen Ebene – also bei einer Betrachtungsweise, die das Auftreten, die Intensivierung, das Abklingen und Verschwinden dieser einzelnen Symptome nicht ahistorisch isoliert, zusammenhangslos registriert und aufzählt, um zu einer psychiatrischen Diagnose, d. h. einer typologischen Einordnung zu gelangen, sondern sie in einem Sinnzusammenhang mit intrapsychischen und äußeren Ereignissen zu sehen versucht – entwickelt sich aus diesem gewöhnlichen, unscheinbaren Fall eine zunehmend interessante und spannende Geschichte mit einer verborgenen Bedeutung. Diese Feststellung bezieht sich sowohl auf das Ganze als auch auf die einzelnen Details sowie auf die einzelnen Symptome. So erscheinen z. B. die Anfälle von nervösem Husten oder diejenigen der kompletten Stimmlosigkeit nicht länger als zufällige, unerklärliche, bloß »nervöse« Störungen, sondern entpuppen sich als die Veranschaulichung und Konkretisierung eines nach Ausdruck ringenden, unterdrückten »Gedankens«. Das vermehrte Auftreten der Stimmlosigkeit Doras während der Abwesenheit des Herrn K., in den sie insgeheim verliebt war, läßt unter Zuhilfenahme verschiedener konvergierender Assoziationen die Deutung zu: »Wenn der Geliebte ferne war, verzichtete sie auf das Sprechen; es hatte seinen Wert verloren, da sie mit *ihm* nicht sprechen konnte.«[5]

In der bis zum Abbruch der Behandlung relativ kurzen Zeit von drei Monaten gelang es nun, eine Reihe solcher psychodynamischer Hy-

---

4 Oben, S. 18.
5 Oben, S. 41.

pothesen über die Funktion und/oder den »Sinn« der Symptome und Verhaltensweisen aufzustellen. Dabei kamen Freud zwei wichtige Träume Doras zu Hilfe, deren Bestandteile er in derselben Weise wie die neurotischen Symptome psychodynamisch aus den dahinterliegenden unbewußten, oft sich widersprechenden Tendenzen, Wünschen, Befürchtungen usw. ableitete. Die Analyse dieser zwei Träume nimmt in der Falldarstellung einen großen Raum ein, ja sie macht die zweite Hälfte des ganzen Beitrages aus, der ursprünglich sogar den Titel »Traum und Hysterie« erhalten sollte, da er, wie Freud in einem Brief an Wilhelm Fließ vom 25. Januar 1901 bemerkte, eine Fortsetzung des Traumbuches darstelle.[6] Verschiebungen, Verdichtungen, Umkehrungen und andere im Rahmen der Traumpsychologie von Freud entdeckte und beschriebene Mechanismen werden auch in diesen beiden Träumen Doras erkannt und exemplarisch vorgestellt. Um ein kleines, randständiges Detail als Beispiel zu nehmen: Die in einem der Träume auftauchende »Madonna« meine offensichtlich die Patientin selbst. Diese Selbstdarstellung stehe im Dienste der »Absicht« des Traums, eine »Gegenvorstellung« zu produzieren, und zwar als Erwiderung auf einen die Sexualität betreffenden moralischen Vorwurf. Freud vermerkt, daß die Figur der Madonna in dieser Funktion (als Gegenvorstellung) nach seinen Erfahrungen dann nicht unüblich sei, »wenn ein Mädchen unter dem Drucke sexueller Beschuldigungen steht«[7].

Auf einer dritten, der interpersonalen Ebene geht es um die aktuellen Beziehungen und um ihre Entsprechungen in der Vergangenheit. Die Beziehung zu Herrn K. (dem Freund von Doras Vater) wird mit der Beziehung zum eigenen Vater – jetzt und früher – parallelisiert; die Beziehung zu Frau K. (der Freundin und Geliebten des Vaters) wird mit der tieferen, unbewußten Beziehung zur eigenen Mutter verglichen.

Es geht aber nicht nur um diese jeweiligen Zweierbeziehungen, son-

---

6 S. Freud, *Briefe an Wilhelm Fließ 1887–1904*, Ungekürzte Ausgabe, Hrsg. von J. M. Masson, dt. Fassung bearb. von M. Schröter, Transkr. von G. Fichtner. S. Fischer Verlag, Frankfurt am Main 1986, S. 476. – Das Traumbuch: *Die Traumdeutung* (1900). In: S. Freud, *Gesammelte Werke*, Bd. 2/3, London 1942.
7 Oben, S. 102 f., Anm. 2.

dern insbesondere um die triadischen, die Dreiecksbeziehungen, in die Dora verwickelt wird. Das Verwirrende ist, daß zumindest zwei solcher Dreieckssituationen abwechselnd aktualisiert werden: In dem einen Dreieck nimmt Dora die Stelle der Mutter ein (oder der Frau K., deren Symptome sie unbewußt imitiert) und versucht den Vater (bzw. Herrn K.) für sich zu gewinnen. Innerhalb eines anderen Dreiecks ist sie dem Vater (oder Herrn K.) gegenüber aggressiv gestimmt und versucht die Beziehung zur Mutter (bzw. zu Frau K.) zu intensivieren. Wir kommen noch einmal auf dieses Oszillieren zwischen diesen beiden Positionen zurück.

Der vierte Aspekt, die vierte Ebene ist in einem höheren Maße spezifisch psychoanalytisch, denn sie betrifft die Übertragungsanalyse, d. h. die Parallelsetzung der genannten Beziehungen und der damit zusammenhängenden Erwartungen, Erfahrungen, Enttäuschungen, Traumatisierungen mit der Beziehung zum Therapeuten selbst. Hier wiederholen sich alle diese Komponenten, wenigstens im Erleben der Patientin. Man mag über Herkunft und »psychologische Funktion« dieses in Theorie wie Praxis gleichermaßen eminent wichtigen Phänomens, also der Übertragung, unterschiedlicher Meinung sein. An der Realität der unter dieser Bezeichnung zusammengefaßten psychischen Prozesse besteht jedoch kein Zweifel. Dies konnte Freud im Fall »Dora« besonders eindrucksvoll zeigen, obwohl er später selbst zugab, daß er in jenem frühen Stadium der Entwicklung der psychoanalytischen Technik den Übertragungsaspekt nicht rechtzeitig und nicht vollständig erkannt habe, was denn auch, nach Meinung Freuds, zum vorzeitigen Abbruch der Behandlung geführt habe.

Auf einer letzten, fünften Ebene, die Freud damals offensichtlich überhaupt nicht wahrgenommen hat, handelt es sich schließlich um die Gegenübertragung des Therapeuten. Diese wird uns später noch beschäftigen.

Zunächst aber zu den ersten vier Aspekten oder Ebenen.

Es steht zwar außer Zweifel, daß vieles von dem, was ich unter den vier Rubriken angedeutet habe, innerhalb der weiteren Entwicklung der Psychoanalyse durch Freud und seine Nachfolger differenzierter, griffiger und vollständiger erfaßt und praktiziert wurde. Dennoch ist bemerkenswert, daß Freud im Prinzip schon damals die

Hauptzüge des sich entwickelnden psychoanalytischen Prozesses klar gesehen hat und sie z. T. auch begrifflich fassen konnte. Selbst dort, wo er die Schwerpunkte womöglich nicht richtig setzte und sein Augenmerk bei der Theoriebildung einseitig zentrierte (beispielsweise indem er der Sexualität das absolute Monopol verlieh), war er erstaunlicherweise in der Lage, mit seiner Schilderung so nahe an der psychischen Realität der Patientin zu bleiben, daß man allein aufgrund seines Textes heute die erforderlichen Akzentverschiebungen und Korrekturen vornehmen kann.

Ich will dies an einer bestimmten Dimension der Falldarstellung erläutern:

Zu dem Zeitpunkt, als Freud das ›Bruchstück einer Hysterie-Analyse‹ schrieb – also mehr als zehn Jahre vor Formulierung der Narzißmustheorie und über ein halbes Jahrhundert vor Aufkommen der psychoanalytischen Selbstpsychologie –, war er selbstverständlich außerstande, bei der Analyse und Behandlung dieses Falles die narzißtischen und selbstpsychologischen Dimensionen zu berücksichtigen. Trotzdem enthält dieser Text Freuds aus dem Jahre 1901 eine Menge Daten, Informationen, Beobachtungen und Überlegungen, die die nachträgliche Einbeziehung auch dieser Dimensionen erlauben, ja sogar unter Umständen eine selbstpsychologisch orientierte Darstellung des Falles ermöglichen könnten. Schon rein sprachanalytisch fällt einem auf, wie oft Worte und Ausdrücke im Freudschen Text enthalten sind, die auf die Selbstwertregulation oder auf die narzißtischen Kränkungen, auf die narzißtische Wut (Kohut) der Patientin hinweisen: An vielen Stellen ist tatsächlich von Rache, Rachebedürfnis, Rachebefriedigung, von gekränktem Stolz, von Hochmutskränkung, von erbitterter Stimmung die Rede. Aber auch inhaltlich zeigt sich Freud gegenüber solchen narzißtischen Aspekten und Konflikten keineswegs blind, so etwa wenn er hinter der Zärtlichkeit Doras für ihren Vater eine Wut ahnt, die wir heute eindeutig als narzißtische Wut bezeichnen würden. Sie trat nämlich in Momenten auf, wo Dora »in erbitterter Stimmung« dachte, »daß sie Herrn K. ausgeliefert worden sei als Preis für seine Duldung der Beziehungen zwischen Doras Vater und seiner Frau«[8].

---

8 Oben, S. 36.

Oder ein anderes Beispiel. Dora war seit längerer Zeit insgeheim in Herrn K. verliebt (wir wollen hier zunächst die unbewußten Verbindungen zum Vater bzw. zu Frau K. außer acht lassen). Als jedoch Herr K. ihr einen Liebesantrag machte, reagierte sie heftig negativ, versetzte ihm einen Schlag ins Gesicht und unterbrach jeden Kontakt. »Wie konnte ein verliebtes Mädchen in der – wie wir später hören werden – keineswegs plump oder anstößig vorgebrachten Werbung eine Beleidigung sehen?« fragt Freud.[9] Die Antwort auf diese Frage findet er später, als er davon erfährt, daß die Gouvernante der Familie K. Dora erzählt hatte, Herr K. habe sich auch ihr zu einer Zeit, als seine Frau gerade mehrere Wochen abwesend war, genähert und sie gebeten, ihm gefällig zu sein. Er habe beklagt, daß er nichts von seiner Frau habe. Gerade diese Worte jedoch waren die nämlichen, die er später beim Werben um Dora ihr gegenüber gebrauchte. Offensichtlich kippte die Waagschale an diesem Punkt um. Freud konnte nachträglich seiner Patientin den Vorgang folgendermaßen rekonstruieren: »Sie ~~sagten sich: Er~~ wagt es, mich zu behandeln wie eine Gouvernante, eine dienende Person? Diese Hochmutskränkung zur Eifersucht und zu den bewußten besonnenen Motiven hinzu: das war endlich zuviel.«[10]

Schon an einer früheren Stelle definiert Freud den Konflikt, in den Dora in diesem Moment geraten war, bezeichnenderweise nicht als einen Triebkonflikt im üblichen Sinne des Wortes, d. h. nicht als einen Konflikt zwischen Es und Über-Ich, sondern als einen solchen zwischen Triebimpulsen einerseits und Stolz (wir würden heute sagen Ideal-Selbst) andererseits: »Sie war wohl einerseits voll Bedauern, den Antrag des Mannes zurückgewiesen zu haben, voll Sehnsucht nach seiner Person und den kleinen Zeichen seiner Zärtlichkeit; andererseits sträubten sich mächtige Motive, unter denen ihr Stolz leicht zu erraten war, gegen diese zärtlichen und sehnsüchtigen Regungen.«[11]

Es gibt auch zahlreiche andere Deutungen und Überlegungen, die eindeutig auf den narzißtischen Aspekt der Problematik verweisen.

---

9 In der Fußnote 2 auf S. 39, oben.
10 Oben, S. 105.
11 Oben, S. 58.

»Sie gestehen zu«, sagt Freud, »daß nichts Sie so sehr in Wut bringen kann, als wenn man glaubt, Sie hätten sich die Szene am See eingebildet.«[12] Etwa eineinhalb Jahre nach Abbruch der Behandlung erfuhr Freud von seiner Patientin (die ihn noch einmal besuchte), daß sie an dem Ehepaar K. doch noch Rache genommen habe: der Frau sagte sie, sie wisse von deren Verhältnis mit dem Vater – und diese leugnete es nicht; den Mann wiederum veranlaßte sie, die von ihm bestrittene Szene am See zuzugeben – und übermittelte diese sie rechtfertigende Nachricht ihrem Vater.

Aber auch auf der Übertragungsebene bzw. auf der Ebene von Freuds Verstehen der Übertragung tauchen solche die Rache betreffenden Überlegungen auf. Es sei ein unzweifelhafter Racheakt, daß die Patientin gerade zu dem Zeitpunkt, da seine Erwartungen auf glückliche Beendigung der Kur am höchsten gespannt waren, die Therapie derart plötzlich abbrach und diese Hoffnungen vernichtete.[13]

Heißt dies alles nun, daß das ›Bruchstück einer Hysterie-Analyse‹ noch einmal, diesmal unter selbstpsychologischen Gesichtspunkten neu geschrieben werden müßte? Keinesfalls. Und zwar nicht nur weil dann die Gefahr bestünde, diesmal die narzißtischen Aspekte einseitig in den Vordergrund zu stellen und dadurch die wichtigen Triebaspekte zu vernachlässigen, sondern auch weil bei einer solchen Fokussierung womöglich der Blick für das Charakteristische des hysterischen Modus, nämlich für das Wechselhafte, das Geheimnisvolle und ständig sich Umkehrende verstellt würde. Gerade das ist es aber, was diesen Beitrag Freuds meines Erachtens zu einem besonders wertvollen und »unvergänglichen« Stück psychoanalytischer Literatur macht.

Es sind nicht die in diesem Text formulierten psychoanalytischen theoretischen Annahmen (und exemplarisch dargestellten Techniken), die dem Werk seinen bleibenden Wert verleihen, denn diese sind in der späteren Zeit von Freud selbst und auch von den Nachfolgern weitgehend verändert, korrigiert, ergänzt worden. Vielmehr besteht – von ihm wahrscheinlich nicht beabsichtigt – die Leistung

12 Oben, S. 107.
13 Ibid.

Freuds in der meisterhaften Schilderung dessen, was faktisch statt-
gefunden hat, womit nicht zuletzt die Atmosphäre der Beziehung
zwischen der Patientin und ihrem Therapeuten (der Übertragungs-
Gegenübertragungs-Interaktion) lebhaft spürbar wird. Diese de-
skriptive Leistung, sozusagen jenseits begrifflicher Unzuläng-
lichkeiten, ist nicht zu überbieten. Zwar wurde das Ausmaß der
»Übertragung« (die Summe der aus früheren Erfahrungen der Patientin stammenden, aber an der Person Freuds aktualisierten Gefühle, Wünsche, Erwartungen und Befürchtungen) vom Therapeuten erst nachträglich richtig gesehen, und die »Gegenübertragung«
Freuds (seine durch die Patientin mobilisierten Gefühle, Wünsche,
Befürchtungen) wurde erst später seitens anderer Analytiker, in systematischer Weise sogar erst in der Sekundärliteratur der letzten
zwanzig Jahre herausgearbeitet – doch kommt vielleicht gerade deshalb das spezifisch Hysterische in der Falldarstellung der Dora so
besonders prägnant und eindrucksvoll zum Vorschein. Die wie auf
einer Theaterbühne vorgeführte Begegnung Doras mit ihren Be-
zugspersonen und mit ihrem Therapeuten enthält indirekt wesentliche Aussagen zum Kern des Hysterischen.

Jene ständige Hin- und Herbewegung zwischen Dichtung und
Wahrheit, jene Unentschiedenheit, die aus den aufeinanderfolgen-
den widersprüchlichen und sich gegenseitig aufhebenden Äußerungen und Handlungsweisen resultiert, jene Vernebelung und Verun-
sicherung unserer Selbstwahrnehmung wie auch der des Patienten –
all dies gehört ja zu der den hysterischen Modus charakterisierenden
Art der Verdrängung. Die (unbewußten) widersprüchlichen, ten-
denziösen Und / oder-Inszenierungen, so launisch und »unlogisch«
sie auch erscheinen mögen, entbehren nicht der inneren Logik: In
kompromißhafter Weise ermöglichen sie sowohl die Veranschaulichung des nach Ausdruck drängenden Intrapsychischen als auch
dessen gleichzeitige Geheimhaltung. Das seelischen Schmerz, Angst
oder Schuld Verursachende wird zwar nicht offengelegt, jedoch in
gewisser Hinsicht indirekt ausgedrückt. Dieses Charakteristikum
des hysterischen Modus der Konfliktverarbeitung offenbart sich
nicht nur in den einzelnen Symptomen oder Träumen, sondern auch
in der Gestaltung der Interaktion mit dem Therapeuten, also in der
Art der Beziehungsaufnahme, in der Sequenz der einzelnen Akte

und Szenen des Handlungsablaufs zwischen den beiden in den therapeutischen Prozeß verwickelten Akteuren. Denn der Therapeut ist selbst in dieses (therapeutische) »Drama« einbezogen. Die Berücksichtigung seiner Gefühlsreaktionen, seiner Wünsche, Erwartungen und Handlungen wird, unter der zusammenfassenden Bezeichnung »Gegenübertragung«, in den späteren Arbeiten Freuds sowie in der weiteren Entwicklung der Psychoanalyse einen immer größeren Raum einnehmen. Für den heutigen Leser ist der negative Aspekt, der negative Anteil in Freuds Gegenübertragung leicht erkennbar; er vermittelt ihm die Atmosphäre des spezifisch hysterischen Modus im Gesamtzusammenhang dieser Begegnung, die mit einem plötzlichen Abbruch endete. Gemeint sind hier insbesondere die von mir auch an anderer Stelle [14] beschriebenen typischen emotionalen Reaktionen des Therapeuten, der bei der Behandlung hysterischer Patienten angesichts der scheinbar launischen, schwebenden, widersprüchlichen, unlogischen Mitteilungen und Handlungsweisen der Patienten/Patientinnen sich oft gleichsam »an der Nase herumgeführt« fühlt.

Gerade weil Freud sich seiner Gegenübertragung nicht bewußt war, er sich andererseits aber gewissenhaft um eine minutiöse Wiedergabe des Geschehens bemühte, übergab er uns ein sehr anschauliches Bild der für das Hysterische typischen therapeutischen Interaktion und somit eine Darstellung, die jenseits aller im Laufe der Zeit sich wandelnden theoretischen Auffassungen und Konzepte bleibenden Wert besitzt.

Freud rätselte an der Frage herum, was wohl jener Faktor X gewesen sein möge, der Dora an seinem Verhalten so sehr enttäuscht hatte, daß sie die Beziehung zu ihm abbrach. War es vielleicht Eifersucht wegen anderer Patientinnen, oder war es etwas anderes? Uns fällt es heute leichter, nachträglich eine Antwort darauf zu geben. Die Vermutung liegt nahe, daß Dora diese von mir kurz skizzierte – wahrscheinlich negative – Gegenübertragung Freuds irgendwie gespürt hat. Felix Deutsch, ein Psychoanalytiker, den dieselbe Patien-

---

14 S. Mentzos, *Hysterie. Zur Psychodynamik unbewußter Inszenierungen* (1980). Erweiterte Ausgabe: Fischer Taschenbuch Verlag, Frankfurt am Main 1991 (Reihe ›Geist und Psyche‹).

tin zwanzig Jahre später konsultierte, vermerkte in seinem 1957 erschienenen Bericht u. a., daß Dora wohl eine unangenehme hysterische Patientin gewesen sein müsse.[15] In solchen Behandlungen ist es ja oft die Crux und Tragik des Patienten wie des Therapeuten, daß das Launenhafte, Unberechenbare, das Wechselnde und insbesondere das »Betrügerische« zuweilen eine starke negative Gegenübertragung evozieren können. Es ist leicht vorstellbar, daß Freud einerseits zwar von seiner Patientin fasziniert war, andererseits aber auch Elemente einer solchen negativen Gegenübertragung entwickelte; und letzteres mag der Patientin nicht entgangen sein.

Ein Teil der besonders in den letzten zwanzig Jahren angewachsenen Dora-Sekundärliteratur bezieht sich direkt oder indirekt auf diese Gegenübertragung Freuds. Jerry L. Jennings[16] führt die späte Renaissance der Dora-Literatur darauf zurück, daß erst in der neueren Psychoanalyse Gegenübertragung allen Therapeuten (somit auch Freud) zugestanden werde. Gegenübertragung, sofern sie rechtzeitig und richtig erkannt wird, gilt seitdem nicht nur als unausweichlich, als notwendiges Übel, sondern sogar als ein nützlicher, dem besseren Verstehen des psychoanalytischen Prozesses förderlicher Vorgang.

Verschiedene Autoren beschäftigen sich allerdings auch mit anderen Aspekten der Dora-Falldarstellung kritisch, z. B. mit Freuds vermutlich unzulänglicher Berücksichtigung der Psychologie der Adoleszenz in der Analyse einer Achtzehnjährigen (Erikson), mit der mangelhaften Deutung der Übertragung (Muslin und Gill – diesen Punkt hat indessen schon Freud selbstkritisch vermerkt). Nach Ansicht anderer Autoren habe Freud sich von einer neutralen Position entfernt (Langs), er habe die Pathologie des Milieus ignoriert, nicht erkannt, daß Dora eigentlich nur die totale, exklusive und absolute Liebe der Mutter gewollt habe (was Freud gleichfalls selbst in nachträglichen Fußnoten angedeutet hat).[17]

---

15 F. Deutsch, ›A footnote to Freud's »Fragment of an Analysis of a Case of Hysteria«‹. *The Psychoanalytic Quarterly*, Bd. 26 (1957), S. 159–167.

16 J. L. Jennings, ›Die »Dora-Renaissance«: Fortschritte in psychoanalytischer Theorie und Praxis‹. *Psyche*, Bd. 44 (1990), S. 385–411.

17 Literaturangaben zu den genannten Autoren bei G. Kohon, ›Reflections on Dora: The Case of Hysteria‹, a. a. O., S. 75 bzw. S. 83 f.

Die schon erwähnte Hypothese Jennings', wonach die Kritik an Freud erst lange nach seinem Tode habe ansetzen können und dürfen, erklärt meines Erachtens nur zu einem kleinen Teil das wachsende Interesse an dieser Fallgeschichte. Im Grunde war ihr gleich von Anfang an dauernde Aufmerksamkeit geschenkt worden. Ich halte es für wahrscheinlicher, daß eine besondere Faszination von dieser außergewöhnlich lebendigen Darstellung einer Hysterie ausgeht; und Faszination ist für das Hysterische ja geradezu typisch. Nicht nur Dora, sondern viele hysterische Frauen und Männer inszenieren unbewußt ein »Spiel«, das nicht nur an die bekannte westdeutsche Fernsehsendung »Was bin ich?« erinnert[18], sondern sich tatsächlich und ernsthaft mit der Frage nach der eigenen Wahrheit, nach der eigenen Identität beschäftigt. Der Eindruck des Spielerischen entsteht durch den ständigen Wechsel zwischen leiser Andeutung und gleichzeitiger Verdeckung des Eigentlichen. Endgültige Offenbarung, klare Stellungnahme, definitive Entscheidung werden durch dieses ständige Schwanken, durch Verwirrung und Vernebelung ad infinitum aufgeschoben.

Worin besteht aber der Konflikt, von dem hier mehrfach die Rede gewesen ist?

Ich bin persönlich zwar der Überzeugung, daß die Art dauerhafter Pseudolösung, die wir »hysterisch« nennen, relativ unspezifisch ist, daß sie also bei verschiedenen Arten von Konflikten Anwendung findet.[19] Ich räume jedoch gerne ein, daß es sich sehr häufig um jenen Konflikt handelt, der sich in der Unfähigkeit zeigt, die in der sexuellen Erfahrung entstehende Bindung (an ein neues Objekt mit genitaler Bedeutung) mit der Erhaltung der Bindung an das Primärobjekt in Einklang zu bringen (diese Konzeptualisierung liegt in der Nähe der Formulierung von André Green[20]). Kohon hat eine meines

---

18 Die Spieler sollen durch indirekte Fragen die berufliche Identität eines anwesenden Unbekannten erraten.

19 Vgl. S. Mentzos, *Neurotische Konfliktverarbeitung. Einführung in die psychoanalytische Neurosenlehre unter Berücksichtigung neuer Perspektiven* (1982). Fischer Taschenbuch Verlag, Frankfurt am Main 1992 (Reihe ›Geist und Psyche‹).

20 A. Green, ›Die Hysterie‹. In: *Die Psychologie des 20. Jahrhunderts*, 15 Bde.,

Erachtens verwandte Formulierung vorgeschlagen – wobei er vielleicht das Augenmerk allzusehr auf die Geschlechtsidentität richtet: Die vernebelnde hysterische Abwehr, so sagt er, entspreche einem Schwanken zwischen der Identifikation mit dem Vater und der Identifikation mit der Mutter.[21] Mir erscheint folgende Umformulierung präziser: Bei der Frau besteht das Dilemma in der Frage, ob sie bei der Mutter als Objekt bleiben und sich mit dem Vater identifizieren will (wodurch sie den Konflikt gleichsam in »homosexueller« Weise löst, wenn auch nur in der Phantasie) oder ob sie sich für den Vater als ihr Liebesobjekt entscheiden und sich mit der Mutter identifizieren will (und somit den Konflikt »heterosexuell« löst). Eine solche Formulierung hätte den Vorteil, die – Freud keineswegs entgangene – Bedeutung »homoerotischer Strebungen« Doras resp. ihr Oszillieren zwischen Herrn K. (bzw. ihrem Vater) einerseits und Frau K. (bzw. ihrer Mutter) andererseits verständlich zu machen. Dora ist in zwei Dreiecksbeziehungen verstrickt. In der einen rivalisiert sie mit der Mutter um den Vater, in der anderen rivalisiert sie mit dem Vater um die Mutter. Diese zunächst auf natürliche Weise entstehende, faktisch doppelte Verstrickung verwandelt sich im Falle Doras wahrscheinlich zu einer (unbewußten) Abwehrtaktik: Indem abwechselnd die eine oder die andere Position eingenommen wird, kann die endgültige Entscheidung und Lösung des Konflikts aufgeschoben werden.

Allerdings möchte ich noch einmal betonen, daß meines Erachtens der hysterische Modus nicht nur bei diesen beiden (etwa von André Green und Gregorio Kohon dargestellten) Konfliktvarianten anzutreffen ist und keinesfalls auch nur bei Frauen. Um mit dem letzteren zu beginnen: Auch der Mann kann (unbewußt) versuchen, die Entscheidung in dem schwierigen Dilemma – Bindung an das Primärobjekt versus sexuelle genitale Beziehung zu einem neuen Objekt – mit Hilfe des hysterischen Modus ad infinitum aufzuschieben. Ferner kann auch der Mann danach streben, die Entscheidung zwischen den beiden Geschlechterrollen in ähnlicher Weise zu ver-

---

Bd. 2: ›Freud und die Folgen (1)‹, hrsg. von Dieter Eicke, Kindler Verlag, München 1976, S. 623–651.
21 G. Kohon, ›Reflections on Dora: The Case of Hysteria‹, a. a. O., S. 73.

meiden. Dabei gibt es selbstverständlich einige Unterschiede im Vergleich zur Frau. Denn er hat es zugleich leichter und schwerer als sie. Im Gegensatz zur Frau braucht er einerseits im Laufe seiner psychosexuellen Entwicklung das Geschlecht des Objektes nicht zu wechseln (Mutter und spätere sexuelle Partnerin haben das gleiche Geschlecht). Andererseits kann er deshalb um so leichter das primäre mit dem sexuell-genitalen Objekt verwechseln. Sein Problem bei der Aufnahme reifer sexueller Beziehungen ist nicht so sehr (wie im Falle der Frau) die Trennung vom, sondern vielmehr die Fusion mit dem Primärobjekt.

Schließlich können Männer wie Frauen (unbewußt) versuchen, auch andere intrapsychische Konflikte, die nicht mit der Sexualität zusammenhängen, ja sogar äußere Konflikte mit Hilfe des hysterischen Modus zu »lösen«. Dies ist ein Gesichtspunkt, der in den zahlreichen Beispielen eines früheren Werks von Freud, nämlich der *Studien über Hysterie*, noch zu erkennen ist; die in der zeitlichen Nähe der *Drei Abhandlungen zur Sexualtheorie* geschriebene Falldarstellung der »Dora« hingegen ist ein Plaidoyer für die Ausschließlichkeit der Bedeutung der Sexualität. Auf Grund meiner klinischen Erfahrungen bin ich der Ansicht, daß die zentrale Bedeutung der Sexualität für eine große Anzahl von Fällen ihre Gültigkeit behält (und zwar vorwiegend in der Form der oben geschilderten zwei Variationen). Auf der anderen Seite findet man aber ständig Bestätigungen für das Auftreten des hysterischen Modus sogar beim Umgang mit äußeren Problemen und noch häufiger bei oralen (die Abhängigkeit betreffenden) sowie narzißtischen (das Selbstwertgefühl betreffenden) Konflikten, wofür – wie oben dargestellt – freilich schon der Freudsche Text des ›Bruchstücks einer Hysterie-Analyse‹ reichliche Hinweise enthält.

ANHANG

EDITORISCH-BIBLIOGRAPHISCHE NOTIZ

Bruchstück einer Hysterie-Analyse

Erstveröffentlichung:
1905 *Monatsschrift für Psychiatrie und Neurologie*, Bd. 18 (Hefte 4 und 5), Oktober und November, S. 285–310 und S. 408–467.

Abdrucke in deutschen Werkausgaben:
1924 In: Sigmund Freud, *Gesammelte Schriften* (12 Bände), Internationaler Psychoanalytischer Verlag, Leipzig, Wien, Zürich 1924–34, Bd. 8, S. 1–126.
1942 In: Sigmund Freud, *Gesammelte Werke* (18 Bände und ein Nachtragsband), Imago Publishing Co., Ltd., London 1940–52, und S. Fischer Verlag, Frankfurt am Main 1968, 1987, Bd. 5, S. 161–286.
1971 In: Sigmund Freud, *Studienausgabe* (10 Bände und ein Ergänzungsband), S. Fischer Verlag, Frankfurt am Main 1969–75, Bd. 6, S. 83, 87–186.

Der hier abgedruckte Freud-Text ist aus Band 5 der *Gesammelten Werke* übernommen, wobei in Anlehnung an Band 6 der *Studienausgabe* stillschweigend einige Korrekturen vorgenommen wurden. Diese beziehen sich insbesondere auf Druckfehler, bibliographische Irrtümer und Richtigstellung von Zitaten sowie Modernisierung von Orthographie und Interpunktion. Redaktionelle Zusätze stehen jeweils in eckigen Klammern.

SIGMUND FREUD
WERKE IM TASCHENBUCH

Herausgegeben von Ilse Grubrich-Simitis
Redigiert von Ingeborg Meyer-Palmedo

Die Sammlung präsentiert das Lebenswerk des Begründers der Psychoanalyse breiten Leserschichten. Sie löst sukzessive die früheren Taschenbuchausgaben der Schriften Sigmund Freuds ab. Durch großzügigere Ausstattung eignet sie sich besonders zum Gebrauch in Schule und Universität. Zeitgenössische Wissenschaftler haben Begleittexte verfaßt; sie stellen Verbindungen zur neueren Forschung her, gelangen zu einer differenzierten Neubewertung des Freudschen Œuvres und beschreiben dessen Fortwirkung in einem weiten Spektrum der intellektuellen Moderne.

In systematischer Gliederung umfaßt die Sammlung:
- vier Bände mit Einführungen in die Psychoanalyse;
- vier Bände mit Monographien über seelische Schlüsselphänomene wie Traum, Fehlleistung, Witz;
- vier Bände mit Schriften über Sexualtheorie und über Metapsychologie;
- zwei Bände mit Schriften über Krankheitslehre und über Behandlungstechnik (erstmals als Taschenbuch-Einzelausgaben vorgelegt);
- fünf Bände mit Krankengeschichten;
- vier Bände mit kulturtheoretischen Schriften;
- drei Bände mit Schriften über Kunst und Künstler;
- zwei Bände mit voranalytischen Schriften (seit ihrer Erstveröffentlichung vor rund hundert Jahren erstmals wieder zugänglich gemacht).

EINFÜHRUNGEN:

Vorlesungen zur Einführung in die Psychoanalyse (Band 10432)
Biographisches Nachwort von Peter Gay

Neue Folge der Vorlesungen zur Einführung in die Psychoanalyse (Band 10433)
Biographisches Nachwort von Peter Gay

Abriß der Psychoanalyse (Band 10434)
Einführende Darstellungen
Einleitung von F.-W. Eickhoff
  Abriß der Psychoanalyse
  Über Psychoanalyse
  Das Interesse an der Psychoanalyse
  Eine Schwierigkeit der Psychoanalyse
  Die Frage der Laienanalyse (inkl. Nachwort)

»Selbstdarstellung« (Band 10435)
Schriften zur Geschichte der Psychoanalyse
Herausgegeben und eingeleitet von Ilse Grubrich-Simitis
  »Selbstdarstellung« (inkl. Nachschrift)
  Jugendbriefe an Emil Fluß
  Curriculum vitae
  Bericht über meine mit Universitäts-Jubiläums-Reisestipendium unter-
  nommene Studienreise nach Paris und Berlin
  Autobiographische Notiz
  Zur Geschichte der psychoanalytischen Bewegung
  Kurzer Abriß der Psychoanalyse
  Die Widerstände gegen die Psychoanalyse

ÜBER SCHLÜSSELPHÄNOMENE – TRAUM, FEHLLEISTUNG, WITZ:

Die Traumdeutung (Band 10436)
Nachwort von Hermann Beland

Über Träume und Traumdeutungen (Band 10437)
Einleitung von Hermann Beland
  Eine erfüllte Traumahnung
  Über den Traum
  Träume im Folklore
  Ein Traum als Beweismittel
  Märchenstoffe in Träumen
  Traum und Telepathie
  Einige Nachträge zum Ganzen der Traumdeutung
  Über einen Traum des Cartesius. Brief an Maxime Leroy
  Meine Berührung mit Josef Popper-Lynkeus

Zur Psychopathologie des Alltagslebens (Band 10438)
(Über Vergessen, Versprechen, Vergreifen, Aberglaube und Irrtum)
Einleitung
Im Anhang: Vorwort 1954 von Alexander Mitscherlich

KRANKHEITSLEHRE UND BEHANDLUNGSTECHNIK:

Schriften zur Krankheitslehre der Psychoanalyse (Band 10444)
Einleitung von Clemens de Boor
    Über die Berechtigung, von der Neurasthenie einen bestimmten Symptomen-
    komplex als »Angstneurose« abzutrennen
    Zur Ätiologie der Hysterie
    Die Sexualität in der Ätiologie der Neurosen
    Meine Ansichten über die Rolle der Sexualität in der Ätiologie der Neurosen
    Hysterische Phantasien und ihre Beziehung zur Bisexualität
    Charakter und Analerotik
    Allgemeines über den hysterischen Anfall
    Die psychogene Sehstörung in psychoanalytischer Auffassung
    Über neurotische Erkrankungstypen
    Die Disposition zur Zwangsneurose
    Mitteilung eines der psychoanalytischen Theorie widersprechenden Falles
    von Paranoia
    »Ein Kind wird geschlagen« (Beitrag zur Kenntnis der Entstehung sexueller
    Perversionen)
    Über die Psychogenese eines Falles von weiblicher Homosexualität
    Über einige neurotische Mechanismen bei Eifersucht, Paranoia und Homo-
    sexualität
    Neurose und Psychose
    Der Realitätsverlust bei Neurose und Psychose

Zur Dynamik der Übertragung (Band 10445)
Behandlungstechnische Schriften
Einleitung von Hermann Argelander
    Die Handhabung der Traumdeutung in der Psychoanalyse
    Zur Dynamik der Übertragung
    Ratschläge für den Arzt bei der psychoanalytischen Behandlung
    Zur Einleitung der Behandlung
    Erinnern, Wiederholen und Durcharbeiten
    Bemerkungen über die Übertragungsliebe
    Die endliche und die unendliche Analyse
    Konstruktionen in der Analyse

KRANKENGESCHICHTEN:

Studien über Hysterie (zusammen mit Josef Breuer) (Band 10446)
Einleitung von Stavros Mentzos

Bruchstück einer Hysterie-Analyse (Band 10447)
Nachwort von Stavros Mentzos

Analyse der Phobie eines fünfjährigen Knaben (Band 10448)
(inkl. Nachschrift)
Einleitung von Veronica Mächtlinger
Im Anhang: Vorwort 1979 von Anna Freud

Zwei Krankengeschichten (Band 10449)
Einleitung von Carl Nedelmann
    Bemerkungen über einen Fall von Zwangsneurose
    Aus der Geschichte einer infantilen Neurose

Zwei Fallberichte (Band 10450)
Einleitung von Mario Erdheim
    Psychoanalytische Bemerkungen über einen autobiographisch beschriebenen
    Fall von Paranoia (inkl. Nachtrag)
    Eine Teufelsneurose im siebzehnten Jahrhundert

KULTURTHEORETISCHE SCHRIFTEN:

Totem und Tabu (Band 10451)
Einige Übereinstimmungen im Seelenleben der Wilden und
der Neurotiker
Einleitung von Mario Erdheim

Massenpsychologie und Ich-Analyse / Die Zukunft einer Illusion (Band 10452)
Einleitung von Reimut Reiche

Das Unbehagen in der Kultur (Band 10453)
Und andere kulturtheoretische Schriften
Einleitung von Alfred Lorenzer und Bernard Görlich
    Das Unbehagen in der Kultur
    Die »kulturelle« Sexualmoral und die moderne Nervosität
    Zeitgemäßes über Krieg und Tod
    Warum Krieg?

Der Mann Moses und die monotheistische Religion (Band 10454)
Und andere religionspsychologische Schriften
Herausgegeben und eingeleitet von Ilse Grubrich-Simitis
    Der Mann Moses und die monotheistische Religion
    Zwangshandlungen und Religionsübungen
    Vorrede zu ›Probleme der Religionspsychologie‹ von Theodor Reik
    Zur Gewinnung des Feuers